财政部规划教材
全国高职高专院校财经类教材

# 短视频运营

武汉雅博睿斯教育科技有限公司 组 编
余 鸣 夏金弟 主 编
侯 燕 邓雅琪 副主编

中国财经出版传媒集团
中国财政经济出版社

**图书在版编目（CIP）数据**

短视频运营／余鸣，夏金弟主编；侯燕，邓雅琪副主编．-- 北京：中国财政经济出版社，2022.8
财政部规划教材　全国高职高专院校财经类教材
ISBN 978-7-5223-1611-6

Ⅰ.①短…　Ⅱ.①余…　②夏…　③侯…　④邓…　Ⅲ.①网络营销－高等职业教育－教材　Ⅳ.①F713.365.2

中国版本图书馆 CIP 数据核字（2022）第 135037 号

责任编辑：王佳欣　　　　责任校对：徐艳丽
封面设计：卜建辰　　　　通　　读：卓文娟

短视频运营
DUANSHIPIN YUNYING

中国财政经济出版社 出版
**URL**：http：//www.cfeph.cn
E－mail：cfeph@cfeph.cn

社址：北京市海淀区阜成路甲 28 号　邮政编码：100142
营销中心电话：010－88191522
天猫网店：中国财政经济出版社旗舰店
网址：https：//zgczjjcbs.tmall.com
北京密兴印刷有限公司印刷　各地新华书店经销
成品尺寸：185mm×260mm　16 开　12.25 印张　306 000 字
2022 年 8 月第 1 版　2022 年 8 月北京第 1 次印刷
定价：48.00 元
ISBN 978－7－5223－1611－6
（图书出现印装问题，本社负责调换，电话：010－88190548）
本社质量投诉电话：010－88190744
**打击盗版举报热线：010－88191661　QQ：2242791300**

# 编写 说明

高等职业教育是我国高等教育的重要组成部分，肩负着为我国经济社会建设与发展培养技术技能型人才的重要使命。随着5G移动通信技术的普及以及移动互联网的快速发展，近年来，我国的短视频用户规模呈稳定增长趋势，庞大的用户规模给短视频行业创造了更多新的商机。越来越多的企业营销与运营管理开始涉足短视频领域，希冀通过这种新媒体进一步扩大产品影响力和企业美誉度，确保企业在激烈的市场竞争中处于有利位置。由于短视频行业兴起不久，短视频运营人才紧缺，国家对短视频运营行业技能型人才的需求量越来越大，这些外部环境发展变化进一步推动着高等职业教育相关专业、课程的进一步改革创新。

为了培养契合职业教育人才需求的短视频运营专业人才，提升学生的职业实操、实践能力，我们以电子商务、市场营销等专业学生未来可能从事的各个技能岗位的职责任务为出发点，编写了本教材。

本教材为校企合作开发教材。在教材的开发过程中，首先，坚持理实并重、工学结合，通过设计短视频运营实战训练项目，内化知识、强化理论学习效果；其次，在教学内容上坚持融入职业元素，从职业岗位入手，根据企业岗位的要求，科学编写教材内容，使教材紧密贴合短视频运营岗位实际工作要求；最后，坚持组建理论研究与专业实践人才混编开发教材，相关高职院校专家教授与行业企业专业实践人员共同参与教材的编写，确保凸显教材的专业性、先进性、实用性，使教材与行业发展同步。

在整个教材开发建设过程中，相关高职院校为我们提供项目以及技术支持，同时辅助我们完成教材大纲、教材内容的审核与把控，保证了教材编写任务能够保质保量按期完成。

本教材共分为8章，主要内容包括初识短视频运营、短视频帐号定位、短视频团队管理、短视频拍摄与制作、剪映基础入门、剪映进阶功能、短视频推广与运营，以及常见的短视频变现方式。

本教材具有以下特色：

1. 理论与实操相结合，强化动手实战能力

本教材在讲解短视频运营理论的同时，穿插了大量的实操案例，通过理实结合的方式让读者了解并掌握相关知识点的应用。这种讲解方式不仅能够提升读者的学习兴趣和体验，同时也能强化其动手实战能力。

2. 引用企业真实案例，真正做到学以致用

本教材通过引入企业真实案例，让读者在学习的同时能够全面了解和掌握企业的真实业务。通过对真实案例的拆解和分析，使读者能够了解所学知识在实际业务中的应用。经过不断的实操和强化，最终将所学知识内化为自己的职业技能，从而切实实现学以致用。

3. 知识体系完整，内容紧贴市场需求

本教材以短视频帐号运营为主线，详细讲解了帐号运营的相关知识。从最初的帐号创建，到后期的流量变现，帮助读者全面了解和提升短视频运营的相关能力，解决帐号运营过程中的痛点和难点。

4. 配套资源丰富，全面保障学习效果

本教材提供了大量的配套学习资源，包括重点知识的微课视频、配套案例的剪辑素材、PPT、教学大纲、教案、习题（实战演练）等。让读者能够更直观和清晰地了解帐号运营的相关操作，并且能够随时随地对重点知识进行强化和学习。

用书学校任课老师若需要“实战演练”的答案，请以电子邮件的形式向中国财政经济出版社索取（请注明：学校、书名、版次），Email：caijingjiaocai@163.com。若需要电子课件等其他教学资源，请登录 jiaocai.cfeph.cn 下载。

本教材由曲靖职业技术学院经济贸易系主任余鸣、安庆职业技术学院电商教研室主任夏金弟担任主编，由曲靖职业技术学院电子商务教研室主任侯燕、云南财经职业学院电子商务教研室主任邓雅琪担任副主编。

本教材在编写过程中借鉴了国内外部分短视频运营方面的教材以及网上资料，在此表示深深的谢意。尽管我们在编写过程中力求准确、完善，但由于我们的阅历和水平所限，书中难免有疏漏之处，恳请各位专家和广大读者批评指正！

**编者**

2022 年 7 月

# 目 录

# 第 1 章
# 1 初识短视频运营

### 知识目标：

1. 了解短视频运营
2. 熟悉短视频运营和新媒体运营的关系
3. 熟悉主流短视频平台

### 技能目标：

1. 熟悉从事短视频运营必备的要素
2. 掌握企业短视频运营工作流程

### 德育目标：

1. 培养学生对短视频运营有一个正确的认识，树立正确的价值观
2. 培养学生爱国情感和高度责任感
3. 培养学生认真严谨的工作作风和工作态度

## 情境引入

随着短视频行业的不断发展，越来越多的用户开始通过短视频获取资讯。小王是某公司新媒体部实习生，有一天他看到同事创作的一条产品宣传视频，有趣的剧情和精美的画面立刻吸引了他的注意力。看完后小王在思考，如果自己也想创作一条类似的视频内容，需要掌握哪些技能和进行哪些操作呢？

短视频运营是一种新兴的新媒体营销方式，具体是指通过拍摄和创作短视频内容，并在各大短视频平台上进行发布，以此来吸引目标用户、积累目标用户，最终通过售卖商品或承

接广告的方式来实现流量的变现。

短视频运营是随着短视频媒介产生而出现的新型职位，其主要工作内容包括：

（1）短视频帐号定位及创建；

（2）竞争对手帐号分析；

（3）短视频内容选题；

（4）短视频内容拍摄；

（5）短视频内容剪辑；

（6）短视频封面制作及标题撰写；

（7）短视频内容发布；

（8）帐号用户及粉丝互动；

（9）帐号数据统计及分析；

（10）帐号活动策划。

作为一名短视频运营人员，需要具有较大的“脑洞”，能够根据网络热点或用户需求创作出高质量的短视频内容，同时还需要能够熟练使用 Photoshop、Premiere、剪映、醒图等工具对图像或视频内容进行处理。

## 1.1 短视频行业介绍

短视频行业是目前互联网最火热的领域之一，说起短视频，人们自然会联想到抖音、快手、哔哩哔哩、小红书等 App。

短视频其实并不是最近几年才兴起的，早在 2013 年就已经出现短视频的平台，如秒拍、美拍、小咖秀等。不过当时受设备和网速的制约，只有少部分用户在使用这些平台浏览视频。

知识加油站

**秒拍**

秒拍是由炫一下（北京）科技有限公司推出的短视频分享平台，用户可以在该平台上拍摄或上传自己创作的视频。该平台由于其特有的个性化水印和智能变声功能，深受年轻用户的喜爱。

**美拍**

美拍是由美图公司推出的短视频创作和分享平台，用户在该平台上可以进行短视频的创作或直播。该平台自 2014 年 5 月上线以后，连续 24 天蝉联 App Store 免费总榜冠军，并成为当月 App Store 全球非游戏类下载量第一。

现如今，随着智能设备的普及以及网速的不断提升，越来越多的用户开始使用手机浏览短视频。截至 2020 年 6 月，我国短视频用户规模为 8.18 亿人，日均使用时长 110 分钟。

我国短视频行业发展大致可以分为三个阶段：① 2013—2015 年，以秒拍和美拍为起点，短视频平台逐渐进入公众视野，短视频这一传播形态开始被用户接受；② 2015—2017 年，以快手为代表的短视频应用获得资本的青睐，各大互联网巨头围绕短视频领域展开争夺，电视、报纸等传统媒体也加入这场大潮；③ 2017 年至今，短视频垂直细分模式全面开启。

目前我国市面上的短视频可以分为短纪录片、网红 IP 型、草根恶搞型、情景短剧、技能分享、街头采访型、创意剪辑等。

### 1.1.1　短纪录片

短纪录片的内容多数以纪录片的形式呈现，内容制作精良，其成功的渠道运营优先开启了短视频变现的商业模式，被各大资本争相追逐。

### 1.1.2　网红 IP 型

网红 IP 型的内容制作贴近生活，其庞大的粉丝基数和用户黏性背后蕴藏着巨大的商业价值。

### 1.1.3　草根恶搞型

以快手为代表，大量草根借助短视频风口在新媒体上输出搞笑内容，这类短视频虽然存在一定争议性，但是在碎片化传播的今天也为网民提供了不少娱乐谈资。

### 1.1.4　情景短剧

情景短剧类视频短剧多以搞笑创意为主，在互联网上有非常广泛的传播。

### 1.1.5　技能分享

随着短视频热度不断提高，越来越多教育机构通过短视频的方式分享专业技能，主要包括 IT 技能、烹饪技能、健身技能、唱跳技能的分享。

### 1.1.6　街头采访

街头采访也是目前短视频的热门表现形式之一，其制作流程简单，话题性强，深受都市年轻群体的喜爱。

### 1.1.7　创意剪辑

利用剪辑技巧和创意，或制作精美震撼，或搞笑幽默，有的加入解说、评论等元素。也是不少广告主利用新媒体短视频热潮植入新媒体原生广告的一种选择方式。

目前短视频行业竞争已进入白热化阶段，微博、秒拍、快手、今日头条等企业纷纷入局短视频行业，越来越多优秀的内容制作团队也开始入驻各大短视频平台，同时，短视频的内容也从 UGC 向 PGC 发生转变。

知识加油站

**UGC**：用户生成内容，即用户原创的内容。该方式的内容是由普通用户进行生产的，内容质量参差不齐。

**PGC**：专业生产内容，该方式生产出的内容相较于 UGC 方式生产得更专业，内容质量更高。

## 1.2　主流短视频平台介绍

经过市场不断的演变和更迭，目前市场上主流的短视频平台有抖音、快手、哔哩哔哩、小红书、西瓜视频、微视等。下面分别对各平台的功能、特点及用户属性进行介绍。

### 1.2.1 抖音

抖音毫无疑问是目前最火热的短视频 App，该 App 所属公司为北京字节跳动科技有限公司，是由今日头条孵化的一款音乐创意短视频社交软件，该软件于 2016 年 9 月上线，是一个面向所有用户的音乐短视频社区平台。用户可以通过抖音 App 选择歌曲，将生活中的所见所闻、暖心瞬间、囧事趣事拍摄成音乐短视频，形成自己的作品。

根据巨量数据发布的 2020 年抖音用户画像报告显示，抖音 DAU（日活跃用户数量）超 4 亿人，较去年同期增长了 60%。用户男女比例较为均衡，用户年龄主要为 19 ~ 30 岁，偏好演绎、生活、美食类视频。

知识加油站

**DAU**：日活跃用户数量，一般用于反映网站、App 等运营情况。

此外，综合全网 App 人均使用频次和时长数据，抖音用户黏性已仅次于两大社交软件微信和 qq，其中人均日使用时长在 30 分钟以上的用户占到抖音用户的 38.0%。

### 1.2.2 快手

快手是北京快手科技有限公司旗下的产品，前身叫“GIF 快手”，诞生于 2011 年 3 月，最初是一款用来制作和分享 GIF 图片的应用。2012 年 11 月，快手从纯粹的工具应用转型为短视频社区，供用户记录和分享生活中的内容。

根据快手大数据研究院发布的《2020 快手内容生态半年报》内容显示，快手用户主要为三四线城市和农村用户，30 岁以下用户占比超 70%，男女用户比例接近 1∶1，直播 DAU 达 1.7 亿人，电商 DAU 超 1 亿人。用户主要偏好旅游、技能、二次元和舞蹈方面的内容。

### 1.2.3 哔哩哔哩

哔哩哔哩，英文名称 bilibili，现为中国年轻世代高度聚集的文化社区和视频平台。该网站于 2009 年 6 月创建，被粉丝们亲切地称为“B 站”。

B 站早期是一个 ACG（动画、漫画、游戏）内容创作与分享的视频网站。经过 10 多年的发展，围绕用户、创作者和内容，构建了一个源源不断产生优质内容的生态系统。目前 B 站已经涵盖 7 000 多个兴趣圈层的多元文化社区。

截至 2020 年 3 月，B 站月均活跃用户已达到 1.97 亿人，并在 8 月首次突破了 2 亿人，为 4 年前的 3 倍。从艾瑞数据得出 B 站用户男女比例接近 1∶1，其中 24 岁以下人群占比为 39.09%，31 ~ 35 岁人群占比为 31.24%。

### 1.2.4 小红书

小红书是一个生活方式平台和消费决策入口，网站于 2013 年在上海创立，小红书以“Inspire Lives 分享和发现世界的精彩”为使命，用户可以通过短视频、图文等形式记录生活点滴，分享生活方式，并基于兴趣形成互动。截至 2019 年 10 月，小红书月活跃用户数已经过亿，其中 70% 用户是“90 后”，并持续快速增长。

从第三方数据统计来看，小红书用户中女性用户占绝大部分，占比高达 86.42%。用户年龄主要为 35 岁以下，其中一线城市及以上用户占比 55%，二线城市及以上用户占比 75%，中等消费者及以上占比 90%。

### 1.2.5　西瓜视频

西瓜视频是字节跳动旗下的个性化推荐视频平台，以“点亮对生活的好奇心”为标语，由今日头条孵化。西瓜视频通过人工智能帮助每个人发现自己喜欢的视频，并帮助视频创作人轻松地向全世界分享自己的视频作品。目前西瓜视频累计用户数超过 3.5 亿人，日均播放量超过 40 亿人，用户平均使用时长超过 80 分钟。

从第三方数据统计来看，西瓜视频男性用户占比略高于女性用户，其中男性用户占比 54.4%，女性用户占比 45.6%，40 岁以下用户占比 7 成以上，用户主要集中在二三四线城市。用户经常观看影视作品，对游戏内容的认可度较高，对感情类视频充满好奇。

### 1.2.6　微视

微视是腾讯旗下的短视频创作平台和分享社区。用户不仅可以在微视上浏览各种短视频，同时还可以通过创作短视频来分享自己的所见所闻。此外，微视还结合了微信和 qq 等社交平台，用户可以将微视上的视频分享给好友和社交平台。

根据第三方统计显示，腾讯微视主要用户为女性，其中 24 岁及以下用户占 32.65%，25 ~ 30 岁用户占 33.55%。

不同的平台用户的属性会有所不同，在实际运营时，需要根据运营的目的、期望的目标受众以及帐号的内容属性来选择合适的平台，如表 1 – 1 所示。

表 1 – 1　主流短视频平台的比较分析

| 平台 | 用户性别 | 用户年龄 | 用户偏好 |
|---|---|---|---|
| 抖音 | 男女用户比例较为均衡 | 主要为 19 ~ 30 岁 | 演绎、生活、美食类视频 |
| 快手 | 男女用户比例较为均衡 | 30 岁以下用户占比较多 | 旅游、技能、二次元、舞蹈 |
| 哔哩哔哩 | 男女用户比例较为均衡 | 35 岁以下用户占比较多 | 动漫、娱乐、搞怪、游戏 |
| 小红书 | 女性用户居多 | 35 岁以下用户占比较多 | 护肤、彩妆、母婴 |
| 西瓜视频 | 男女用户比例较为均衡 | 40 岁以下用户占比较多 | 影视、游戏 |
| 微视 | 女性用户居多 | 30 岁以下用户占比较多 | 生活小妙招、综艺 |

## 1.3　做好短视频运营必备的要素

在短视频火热的当下，越来越多的企业开始对外招聘短视频相关职位。从某招聘网站上可以看到，就算是到了年底招聘的淡季，市场上依然有 3 万多个职位在招聘和短视频相关的职位，如图 1 – 1 所示。

图 1 – 1　短视频职位招聘数量

面对新兴的行业和火热的需求，越来越多的从业者打算在短视频领域谋求一份职位，那么到底需要具备什么样的素质或者能力才能胜任相关的岗位呢？根据权威人士的研究，发现想要从事短视频运营岗位需要具备以下一些要素：

### 1.3.1 懂用户

想要做好短视频运营，就需要对目标用户非常了解，了解目标用户的喜好、痛点以及关注点，才能制作出对用户有价值的视频内容。

**知识加油站**

**痛点：**互联网术语，一般指刚性的、可以量化的需求。

例如，运营美食主题的短视频帐号，则需要分析出喜欢该主题的用户真正关注的点。通过分析可以得出，在美食主题下可以发布的内容有“美食制作”“美食分享”和“美食探店”。通过进一步分析可以发现，关注“美食制作”的用户较多，因此帐号后期内容创作时，可以拍摄和制作更多关于“美食制作”的视频。

### 1.3.2 网感强

网络上每天都会有很多热门事件产生，作为一名短视频运营人员，需要对网络上的热门事件非常敏感，能够在第一时间察觉并判断该热点能否应用到帐号视频内容创作中来。

追热点是作为一名短视频运营人员必备的技能。开始创作内容时，可以通过热点网站来寻找当天的热点，如图 1 - 2 所示。寻找热点时，需要考虑热点与创作内容的相关性，切勿盲目追逐热点。

图 1 - 2 抖音热榜

知识加油站

**网感：** 对网络内容或事件的敏感程度。

**热点：** 比较受大众关注或欢迎的新闻或信息。

### 1.3.3　脑洞大

视频内容要想获得用户的关注、点赞甚至转发，除了内容对用户有价值外，还需要内容具有一定的创意。通过在视频中设置槽点、笑点或意想不到的剧情，能够很好地吸引用户的关注和互动。

知识加油站

**脑洞：** 互联网术语，用来形容想象力的词语。脑洞大即形容一个人的想象力比较丰富。

剧情反转是在创作时经常使用的一种方法。在前两个画面中通过一段对话引入剧情，即“学生考试没考好，老师在批评学生”。后面通过两个画面的反转，即“每月收租的金额以及老师听到的反应”，来实现剧情的反转，从而提高视频内容的吸引力。

### 1.3.4　熟悉视频拍摄

视频拍摄一般由专人完成，了解视频拍摄有利于和不同岗位的工作人员进行沟通。除此之外，有些初创的团队，往往也需要短视频运营人员兼带视频拍摄的职能。

目前，除了一些专业的短视频内容需要使用专业的设备进行拍摄外，大多数短视频内容都是由手机拍摄完成的。因此，作为一名短视频运营人员，适当地了解手机短视频拍摄的方法与技巧，有利于自身工作的开展。

### 1.3.5　熟悉后期制作

视频后期制作一般由专人负责，但对于规模较小的团队来说，有时也需要短视频运营人员负责视频后期制作。

目前大多数视频内容是由剪映制作完成的，作为一名短视频运营人员，需要了解剪映相关的操作，并且能够独立完成视频内容的剪辑。

知识加油站

**剪映：** 一款视频编辑工具，能够对视频进行分割、添加字幕、音乐、音效、转场等操作。

### 1.3.6　策划能力

定期开展活动能够提升帐号粉丝的活跃度，因此活动策划能力是短视频运营人员必备的一项能力。策划活动时需要明确举办活动的目标，同时结合帐号的实际情况和粉丝的兴趣点，切忌为了举办活动而举办活动。

活动策划与执行能力也是作为一名短视频运营人员所应必备的能力。在实际策划与执行活动时，需要提前编写活动策划方案，并且考虑活动过程中有可能会出现的突发情况，做好应对方案。

### 1.3.7 文案编辑能力

一段优秀的文案，往往能够在用户浏览视频内容前让用户明确视频内容的主题，并且吸引用户的关注。编写文案时可以结合网络热点词汇，但切忌标题党。

作为一名短视频运营人员，平时可以多分析爆款视频标题的编写方式以及包含的词汇，并将优秀的标题格式与词汇进行积累，不断分析与总结，以此来提升自身的文案编辑能力。

**知识加油站**

**标题党：**互联网术语，指用夸张的标题吸引用户点击查看，实际内容却是非官方来源的“小道消息”或严重失实的信息。

### 1.3.8 数据分析能力

数据分析能力是运营人员必备的一项技能，只有通过分析帐号的数据，例如，播放量、完播率、点赞量、转发量等数据，才能分析出什么类型的内容更受用户的喜爱。

作为一名短视频运营人员，需要对数据比较敏感，并且知晓各指标所代表的含义以及对应的计算公式。

## 1.4 短视频运营基本工作流程

要想拍出一条专业且受用户喜爱的视频内容，需要经历主题确定、内容策划、视频拍摄、视频剪辑、后期宣传、用户互动等多个环节，不同的环节需要不同的人员来负责，下面简单介绍一下一条短视频从无到有的创作运营过程，如图 1 –3 所示。

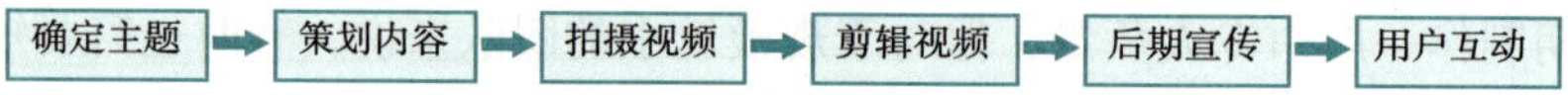


**图 1 –3 短视频运营基本工作流程**

### 1.4.1 确定主题

在开始拍摄短视频之前，需要根据目标用户来确定短视频的拍摄主题。例如，某短视频帐号的目标用户是想要学习技能的人群，那么该帐号内容拍摄的主题主要就是技能在实际工作或生活中应用的场景。

### 1.4.2 策划内容

当确定好视频拍摄的主题后，需要根据主题来策划具体的拍摄内容，以及编写视频拍摄的脚本。视频内容的策划主要包括视频内容展现的形式、视频镜头的构成及拍摄方式、不同镜头的台词及配乐等，最终形成视频拍摄的脚本。

知识加油站

**脚本：**视频内容的概述，主要包括需要拍摄的视频画面、拍摄手法、景别选择、拍摄时长、机位设定、台词、道具等信息。

### 1.4.3　拍摄视频

当视频脚本确定好以后，需要根据脚本确定拍摄的场景，招募适合的演员出镜进行表演。视频拍摄时要能利用镜头语言充分表达出视频想要传达的内容或情感。

### 1.4.4　剪辑视频

视频拍摄完成后，需要对视频进行后期制作。后期制作主要分为两个阶段，第一阶段主要是对拍摄的视频文件进行粗剪，去除掉一些不要的废片，对视频素材进行编号归类等处理。第二阶段是对粗剪处理后的视频文件进行精剪，主要是对视频文件添加字幕、转场、音效、片头、片尾等内容。

### 1.4.5　后期宣传

视频制作完成后，就可以将视频内容发布到不同的视频平台进行推广了。视频后期宣传时，需要注意视频封面的制作、标题文案的撰写、视频内容发布的时间和频率等。

### 1.4.6　用户互动

视频发布后，如果视频内容能够满足用户的需求，得到用户的认可，用户就会关注视频帐号，随着粉丝不断的积累，需要通过及时和粉丝互动来提高粉丝的活跃度和黏度。

## 实战演练

### 一、单项选择题

1. 截至 2020 年 6 月，我国短视频用户规模为（　　）人。

A. 8.18 亿　　B. 6.18 亿　　C. 7.18 亿　　D. 9.18 亿

2. 抖音属于下列哪家公司（　　）。

A. 北京天涯科技开发有限公司　　B. 武汉雅博睿斯教育科技有限公司

C. 北京字节跳动科技有限公司　　D. 武汉大美科技开发有限公司

3. 抖音短视频于（　　）年正式上线。

A. 2019　　B. 2018　　C. 2017　　D. 2016

4. 下列关于 DAU 解释正确的是（　　）。

A. DAU 即月活跃用户数量　　B. DAU 即日活跃用户数量

C. DAU 即周活跃用户数量　　D. DAU 即年活跃用户数量

5. 下列哪项是快手用户的主要群体（　　）。

A. 一二线城市用户　　B. 农村用户

C. 三四线城市和农村用户　　D. 县级用户

## 二、多项选择题

1. 下列哪些是常见的短视频类型？（　　）

A. 短纪录片　　B. 网红 IP 型　　C. 创意剪辑　　D. 技能分享

2. 下列哪些是常见的短视频平台？（　　）

A. 抖音　　B. 小红书　　C. 哔哩哔哩　　D. 快手

3. 下列哪些是运营短视频帐号时需要分析的数据指标（　　）。

A. 播放量　　B. 完播率　　C. 点赞量　　D. 转发量

4. 视频剪辑主要是指（　　）。

A. 对拍摄的视频文件进行粗剪，去除掉一些不要的废片

B. 对视频素材进行编号归类等处理

C. 给视频添加字幕和转场

D. 给视频添加片头和片尾

5. 在运营短视频帐号时，一段优秀的文案能够起到哪些作用（　　）。

A. 让用户明确视频内容的主题　　B. 提升帐号的粉丝数量

C. 提高视频内容的播放量　　D. 吸引用户的关注

## 三、判断题

1. UGC 的短视频内容比 PGC 的短视频内容更受用户欢迎。（　　）
2. 抖音平台的用户年龄主要为 19 ~ 30 岁。（　　）
3. 哔哩哔哩被用户亲切地称为“A 站”。（　　）
4. 小红书平台中绝大多数用户为男性。（　　）
5. 微视是腾讯旗下的短视频创作平台和分享社区。（　　）

## 四、问答题

1. 请写出从事短视频运营岗位需要具备的能力和素养。
2. 请写出短视频运营的基本工作流程。

第 2 章

# 2 短视频帐号定位

## 知识目标：

1. 了解什么是帐号定位
2. 了解为什么要进行帐号定位
3. 掌握短视频帐号定位操作流程

## 技能目标：

1. 熟悉短视频帐号设置
2. 掌握如何对短视频帐号进行定位

## 德育目标：

1. 培养学生对短视频帐号定位的正确认知，树立正确的价值观
2. 培养学生认真严谨的工作作风和工作态度
3. 培养学生具有良好的全局观和短视频行业风险意识
4. 培养学生爱国主义思想，增强民族自尊心、自豪感和责任心

## 情境引入

出于业务发展需要，公司打算运营一个新的短视频帐号，领导便安排小王负责帐号的前期准备工作，具体包括帐号的注册及帐号的定位。小王由于刚接触短视频行业不久，不太清楚帐号定位的操作流程和具体内容，那么小王该如何完成领导布置的这项工作任务呢？

帐号定位是运营短视频帐号的第一步，清晰的帐号定位有助于帐号后期的运营。帐号定

位就好比射击运动中瞄准靶心的过程，帐号定位的过程实际就是瞄准目标用户的过程，通过分析目标用户的属性，例如，性别、年龄、地域、爱好等，从而确定帐号内容的主题和风格。

帐号定位除了需要考虑目标用户的需求外，还需要了解和分析主要竞争对手帐号的整体情况，从而在帐号定位时与竞争对手形成差异化。分析竞争对手帐号时，需要了解帐号的运营时长、帐号的基础设置、内容创作的风格和方式、帐号发布作品数量、作品更新频率、作品发布时间等。

分析完目标用户和竞争对手帐号以后，就可以根据分析出来的结果来确定自身帐号的名称、头像、设置、内容创作风格、作品更新频率和发布时间等，从而完成帐号的定位。

## 2.1 帐号定位介绍

俗话说“先谋而后动”，只有前期做好了详细的规划，后期才会事半功倍。运营短视频帐号亦是如此，在帐号运营初期需要通过详细的市场调研和数据分析，来确定帐号的定位。帐号定位越精准、领域越垂直，所获取的粉丝就会越精准，后期流量变现就会越容易。

### 2.1.1 什么是帐号定位

帐号定位其实是确定帐号主题、内容形式、目标用户、帐号设置、推广方式的一个过程，在整个过程中，需要解决“我是谁”“我能提供什么内容”“我与别人有什么不同”三个问题。

#### 1. 我是谁

“我是谁”即通过帐号名称、头像等信息告知目标用户自己是谁，一般需要通过目标用户分析、竞品分析等方式来确定帐号的主题，根据帐号的主题来确定帐号的名称和头像。

短视频运营人员在实际运营帐号前，需要根据自己擅长的领域来确定创作内容的方向。例如，自己是一个美食达人，擅长制作各种类型的菜肴，那么可以将不同菜肴制作的过程作为帐号的视频内容。

目前短视频领域比较热门的内容类型有才艺展示、可爱萌宠、情景短剧、干货分享、人物访谈、商品测评、好物种草、探店实录、个人 Vlog、攻略分享等类型，在实际创作时可以结合个人或公司实际情况进行选择。

#### 2. 我能提供什么内容

短视频平台是一个靠内容输出来吸引关注的平台。因此，在平台上输出的内容需要满足目标用户的需求，能够解决目标用户的问题。在确定帐号内容时，可以根据帐号主题对内容进行细分，例如，美食主题的帐号可以细分出美食制作、美食推荐、美食吃播等内容。

规划帐号内容时，切忌划分得过于宽泛或者过于细分，内容划分得过于宽泛会导致帐号定位不清，不利于平台对帐号内容的判定，同时获取的流量也不精准。内容过于细分会导致帐号覆盖的用户数量较小，获取的流量较少。

#### 3. 我与别人有什么不同

用户主动关注某一个帐号一定有其背后的原因，要么是该帐号的调性与用户喜欢的风格相符，要么是帐号的内容能够让用户有所收获。因此帐号在前期定位时，需要找到自己帐号的风格或者特点。

一般可以在内容形式、剧情设置、专业程度等方面突出自己的特点。例如，自己擅长制作动画，那么可以将专业的知识通过动画的形式进行讲解，从而降低用户理解的难度。一旦确定帐号风格后，就需要一直保持该种风格，只有这样才能不断强化帐号在粉丝心目中的印象，从而突出帐号的特点。

### 2.1.2　为什么要进行帐号定位

现在主流短视频平台都是采用内容推荐机制展现视频内容，即系统通过特定的算法分析创作出的视频内容，根据视频的标题、文案、话题标签等来判断视频的内容，然后将视频内容推荐给目标用户。如果内容受目标用户喜爱，那么系统就会继续推荐视频内容，使其获得更大的曝光量。因此，帐号定位越精准，帐号内容越容易展现到目标用户面前。

下面以抖音平台为例，通过具体案例来讲解为什么要进行帐号定位。

帐号发布视频时，系统会要求用户填写视频的标题并使用合适的话题，如图 2－1 所示。

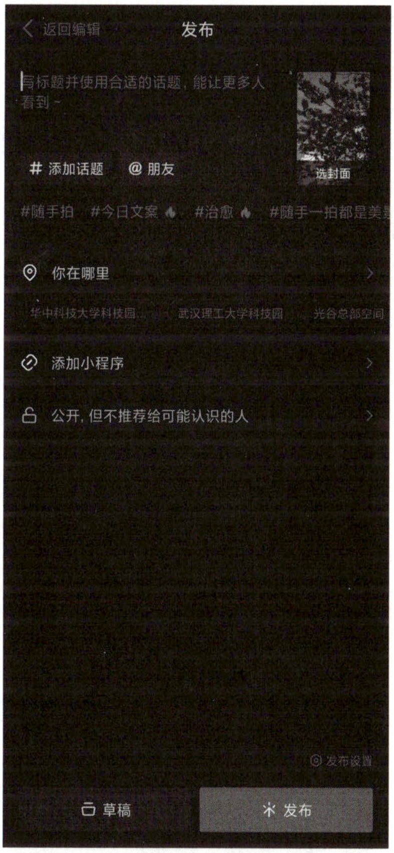


**图 2－1　编写视频标题**

用户填写完标题后，系统会读取标题的内容，通过对标题文字的拆分分析出视频内容的主题，然后将视频内容推荐到具有相同标签的用户面前，如果视频相关数据反馈良好，即点赞量、评论量、转发量和完播率数值较高，那么系统会判定视频内容为优质内容，会进一步对视频进行曝光，从而使视频获得更高的播放量。

**知识加油站**

短视频平台内容推荐算法主要根据某条短视频内容的相关数据指标，来判断视频内容的质量。即某条视频内容的点赞量、评论量、转发量和完播率等数据指标较高，系统则会判定该视频内容为优质视频内容，从而加大对视频内容推荐的力度。

例如，一个关于美食制作的帐号，视频标题为“老北京鸡肉卷你学会了吗?”，系统通过标题判断出视频内容是关于小吃美食制作的，就会将视频内容推荐到曾经浏览过小吃美食视频内容用户的面前。如果这些用户对视频做出了正向反馈，例如，对视频进行点赞、评论、转发等，且点赞、评论、转发的用户占比较高，那么系统就会增大视频的曝光量。

帐号定位越精准，制作出的视频内容主题就越清晰，系统就越容易判定视频的主题并将其推荐给目标用户。如果一个美食视频帐号内容里既有小吃美食制作，又有厨具讲解和推荐的话，那么系统就无法判定帐号内容是适合推荐给想要学习小吃美食制作的用户，还是想要购买厨具的用户。

除了在标题中添加与视频内容相关的字词帮助系统判定视频主题外，还可以添加相应的话题来增大视频的曝光量，如图 2－2 所示，该视频中添加了“#美食推荐官”话题，那么系统就会将视频内容推荐给对该话题感兴趣的用户。

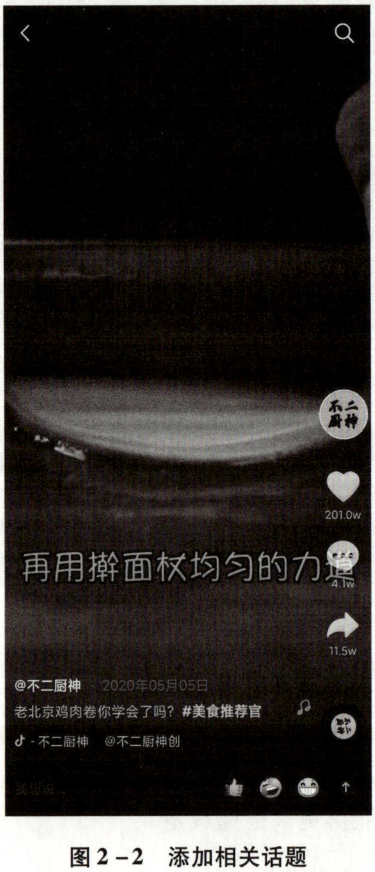


**图 2－2 添加相关话题**

知识加油站

在视频标题中添加相关话题能够提高视频的播放量，一般建议在视频标题中添加3个与视频主题或内容最相关的话题。

## 2.2　如何进行帐号定位

在进行帐号定位时，一般需要经过用户分析、竞品分析和自我分析三个步骤，通过用户分析描绘出用户的基本画像，包括用户的性别、年龄、兴趣爱好等，通过竞品分析了解竞争对手帐号的主题和主要内容、更新时间及更新频率等，通过自我分析找出自身存在的优势、不足、可能存在的机会等。一般经过三个方面的分析，就可以确定帐号的主题、风格、内容形式、帐号设置、创作方式、更新频率等。

下面分别从用户分析、竞品分析和自我分析三个方面讲解如何进行帐号定位。

### 2.2.1　用户分析

用户分析主要指用户画像分析（见图2－3），即根据用户特征、业务场景和用户行为等信息，构建出一个标签化的用户模型。用户分析是帐号定位的第一步，因为帐号创作出的内容是供目标用户浏览的，因此在开始内容创作前，需要清楚了解目标用户的属性，从而分析出什么样的内容会受到目标用户的喜爱。

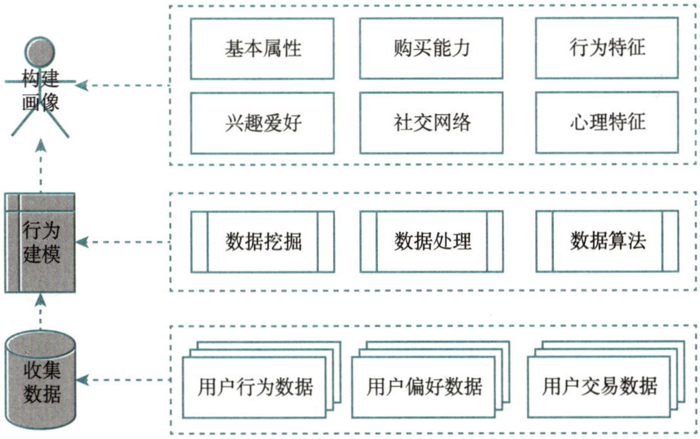


**图2－3　用户画像架构图**

用户分析主要是对用户相关数据进行收集和分析，其中主要包括静态信息数据和动态信息数据。静态信息数据是指用户相对稳定的信息，例如，性别、年龄、学历、角色、收入、地域、婚姻等。而动态信息数据则是指用户不断变化的行为信息，即用户轨迹。例如，观看某个帐号视频内容、对某个视频点赞、评论了某个视频、转发了某个视频等，如图2－4所示。

在实际收集用户数据时，除了需要收集用户静态信息数据外，还需要收集用户行为数据、用户偏好数据以及用户交易数据。

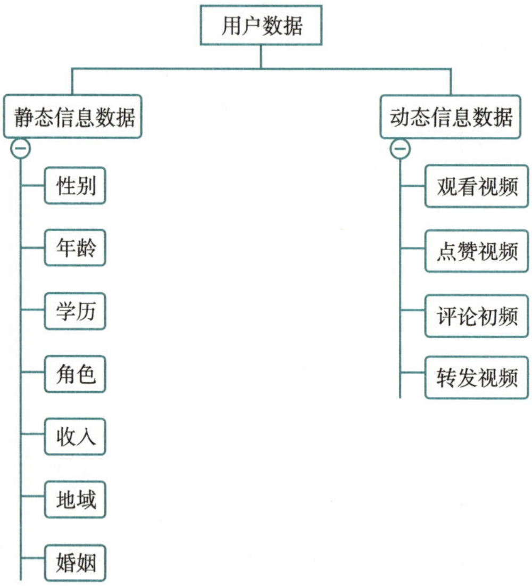


**图 2-4 用户数据**

以抖音平台为例，用户行为数据主要为点赞数、评论数、转发数、关注数等；用户偏好数据主要为视频播放量、视频完播率、视频收藏量、视频下载量、粉丝活跃度等；用户交易数据主要为客单价、转化率、复购率等。通过对相关数据不断地收集、清洗和分析，最终得出某一帐号的用户画像。

知识加油站

**数据收集**：通过各种渠道，例如，抖音平台、第三方数据统计平台等，来获取和收集与用户相关的数据。

**数据清洗**：收集的数据中难免会出现无效或错误的数据，数据清洗则是通过对数据的归纳和整理，将无效或错误的数据信息剔除掉，从而保证数据的相关性、时效性、完整性与正确性。

**数据分析**：数据分析是对清洗后的数据进行分析，通过分析找出数据中存在的共同点、趋势等信息，从而得出相关的结论，并将结论用于后期帐号内容的创作与运营中。

不同类型的帐号，企业所关注的用户特征也有所不同，但主要还是体现在基本特征、社会特征、偏好特征和行为特征 4 个方面，如图 2-5 所示。

用户分析的核心是为用户打标签，即将用户的每个具体信息抽象成标签，利用这些标签将用户形象具体化，从而为用户提供有针对性的视频内容。

### 2.2.2 竞品分析

竞品分析主要指对竞争对手的帐号进行比较分析的过程，通过对多个帐号视频内容形式、帐号更新频率、内容发布时间、帐号基础设置等多维度的横向对比分析，从而获得相应的结论。

**图 2－5　用户特征分析**

竞品分析首先需要找准分析的对象，在确定竞品对象时，可以按照同行业内产品在细分市场的服务重叠程度来树立竞品层级。如直接竞品（核心、重要）、间接竞品（一般）、潜在竞品，这样可以更合理地挖掘竞争对手，并树立长期跟踪分析机制，以此来把握市场、对手的发展动向及潜在危机。

收集竞品数据信息时，要避免角色代入和主观的选择性收集，目的是保证收集的数据的客观性，从而保证客观分析的准确性，防止误导分析结论。

以抖音平台为例，在确定好竞品分析对象后，需要对竞争对手的帐号设置、帐号内容以及帐号运营情况进行分析，其中帐号设置分析主要包括：帐号名称、帐号头像、帐号描述、抖音号设置等；帐号内容分析主要包括：内容题材、表现形式、内容时长、内容封面等；帐号运营情况主要包括：帐号更新频率、作品发布时间、帐号推广方式、是否开通直播等，如图 2－6 所示。

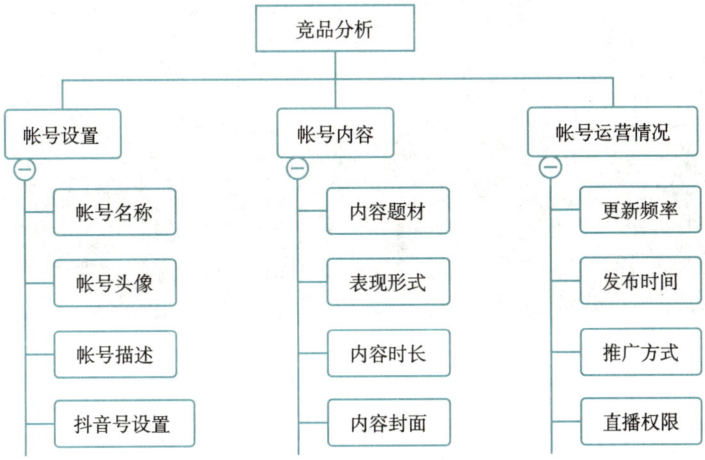


**图 2－6　竞品分析**

在浏览器地址栏中输入第三方查询工具的网址，然后在搜索框中输入需要查询的竞争对手帐号，如图 2－7 所示。

图 2-7　输入需要查询的竞品帐号

知识链接

常用的第三方查询工具

| 序号 | 工具名称 | 工具网址 | 是否需要付费 |
| --- | --- | --- | --- |
| 1 | 抖查查 | https：//www. douchacha. com/ | 是 |
| 2 | 飞瓜 | https：//www. feigua. cn/ | 是 |
| 3 | 新抖 | https：//xd. newrank. cn/home/index | 是 |
| 4 | 蝉妈妈 | https：//www. chanmama. com/ | 是 |

这里以抖音某帐号为例，输入后点击“搜索”按钮即可查看帐号相关数据，如图 2-8 所示。

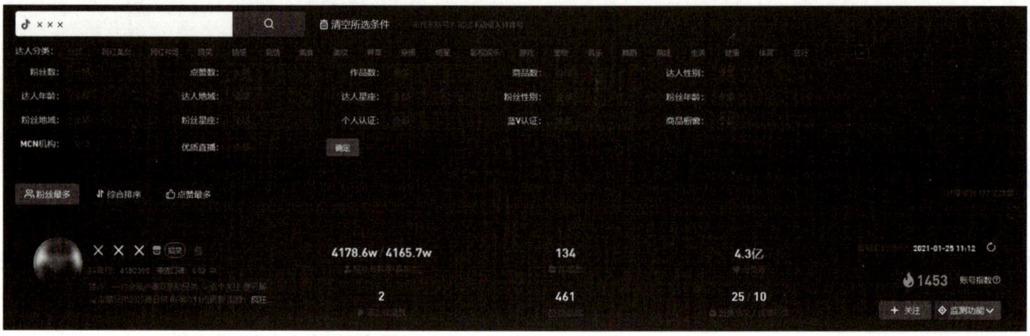


图 2-8　帐号相关数据

点击帐号名称或头像可以查看帐号详细数据，如图 2-9 所示。

点击“达人视频”可以查看帐号作品发布的时间以及频率，如图 2-10 所示。

在进行竞争对手分析时，需要对几个主要的竞争对手进行分析，然后对查询到的数据进行汇总和分析，通过数据了解竞争对手帐号的整体运营情况，从而在运营策略或者内容选题上和竞争对手产生差异化。

一般通过用户分析和竞品分析，就能大概确定帐号的定位。在实际运营过程中，帐号的定位不是一成不变的，需要根据后期运营产生的数据不断对帐号的定位进行修正。

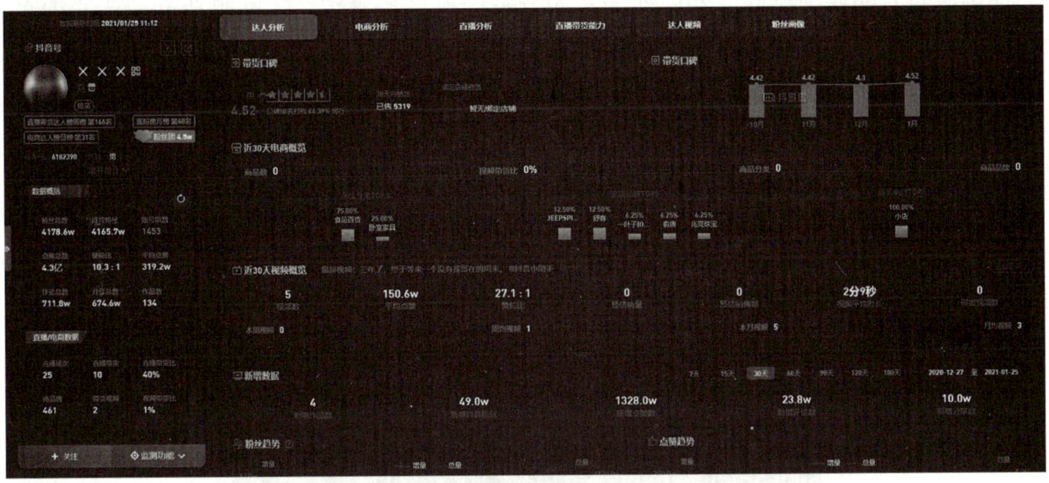

图 2－9　查看帐号详细数据

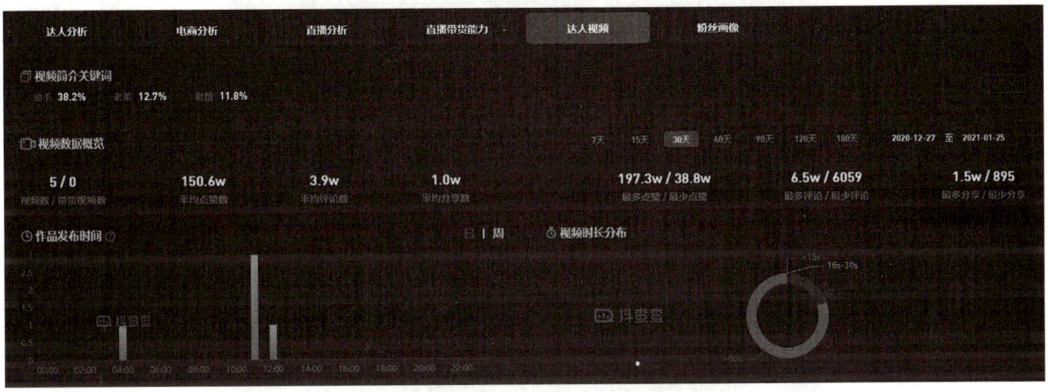

图 2－10　查看帐号作品发布时间及频率

### 2.2.3　自我分析

自我分析即对公司或运营团队内部进行分析，具体包括自身优势和劣势的分析。自身优势分析可以从团队成员的构成、项目投入的资金、团队的执行力等方面进行分析。例如，团队架构比较完整，各岗位的工作人员都具有丰富的行业从业经验，并且有 0 到 1 的项目实操经验。同外部一般初创团队相比，这样的团队成功的可能性更大，那么就可以将这一项作为自身的优势。劣势分析可以从团队的短板、内部沟通、项目所处周期等进行分析。例如，团队成员大多是新成员，虽然行业经验丰富，但是共事时间不长，内部沟通效率较低，并且团队核心成员管理经验欠缺等。

**知识加油站**

**0 到 1：** 互联网术语，表示一个项目从最初的想法和策划到最终的落地与执行。通常表示拥有成功的项目运营经验。

明确了自身的优劣势后，在后期的工作过程中要扬长避短，不断强化和放大自身的优势，同时尽量弥补自身的劣势，从而提升团队的竞争力。

## 2.3 短视频帐号设置

确定好帐号定位后，接下来就是根据帐号定位确定帐号的相关设置。帐号设置是运营一个帐号的基础工作，很多运营人员会不重视这一项，其实一个帐号的设置就好比一间房间的装修，它能清晰地告诉来访者帐号的主题、风格以及特点。下面以抖音平台为例，讲解如何根据帐号定位对帐号进行设置。

### 2.3.1 头像

帐号头像是帐号主题图形化的体现，当用户在搜索界面搜索某一类型帐号时，最先映入用户眼帘的就是帐号的头像，如图 2－11 所示。

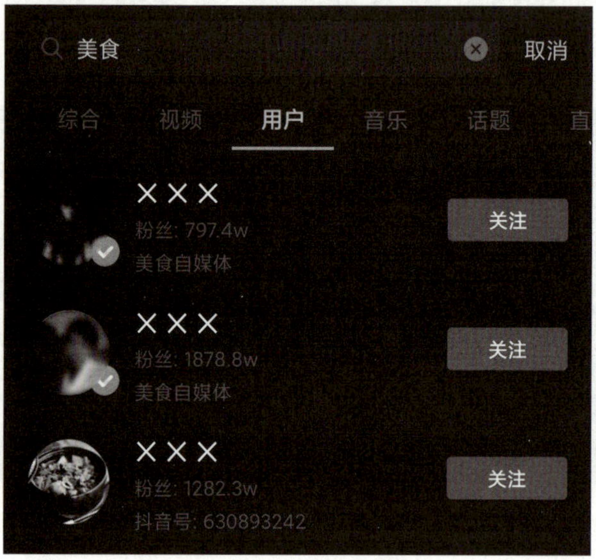


**图 2－11　抖音搜索界面**

因此，帐号头像需要与帐号主题相关，如美食帐号的头像可以设置为美食图片，健身主题的帐号头像可以设置为健身房或者健身教练的图片。

目前市场上帐号的头像分为三类，分别是图文头像、文字头像和图片头像，如图 2－12 所示。

**图 2－12　帐号头像类型**

不同类型的帐号适合的头像类型会有所不同，一般帐号主题内容为用户日常生活中常见的内容或者有共同认知的内容，可以采用相应的图片作为帐号头像。如果帐号内容比较小众或者无法用图像直接呈现，那么可以采用文字作为帐号的头像。

由于帐号头像区域较小，因此在制作头像时需要有效内容位于头像区域正中间，且头像图片尽量使用分辨率较高的图片。有原创设计能力的团队可以根据帐号主题设计原创的头像，这样在后期传播的时候，更容易与其他帐号进行区分，同时也可以将头像打造为帐号的一种特定标识。

短视频帐号头像设置时候要注意如下事项：帐号头像尽量与帐号主题或内容相关；帐号头像需使用分辨率较高的图片，从而保证头像的清晰度；帐号头像中有效内容需位于头像区域正中间；帐号头像中严禁出现广告内容。

### 2.3.2　名称

帐号名称是通过文字形式向用户表达帐号主题的一种方式，帐号名称除了要与帐号主题相关外，还需要在帐号名称中包含用户可能会搜索的关键词。例如，用户想要寻找关于健身减肥主题的帐号，一般会搜索“健身”“减肥”“减脂”等关键词，那么帐号在名称设定时最好能够在名称中包含以上关键词，当然也可以通过相关工具来判断不同关键词的搜索量，选取搜索量最大的关键词放置在名称中，以增大帐号被用户搜索到的可能性。

在设置帐号名称时，还需要考虑名称的记忆性以及传播性。设置帐号名称时尽量保证名称简短，这样更利于名称的传播。除此之外，还可以采用一些日常用语或者谐音字词作为帐号的名称，例如“不急不吼养孩子”“浙有正能量”等。

短视频帐号名称设置时候要注意如下事项：帐号名称尽量与帐号主题或内容相关；帐号名称中尽量包含用户可能会搜索的关键词；帐号名称尽量简短，利于用户记忆和传播。

### 2.3.3　抖音号

抖音号是用户搜索抖音帐号的另外一种方式，默认的抖音号为一串随机的数字，不利于用户的记忆以及帐号的传播，因此在进行帐号设置时，需要将默认的抖音号修改成与帐号主题、公司信息、帐号名称相关的内容。

例如，某抖音帐号的名称为“××车评”，帐号内容为关于汽车的点评。当用户看到该抖音号时，就能知晓该帐号主题内容是关于车评的。抖音号除了要与帐号主题或公司信息相关外，还需要通俗易懂且利于用户的传播，因此建议使用“拼音”或者“拼音＋数字”的命名方式进行命名。

设置抖音号时需要想好再进行修改，如果设置错误，则只能 30 天后再进行修改。

### 2.3.4　描述

描述是向用户展现帐号内容或帐号特点的区域，因此在撰写帐号描述时需要清晰地描述帐号的内容，同时通过简短的话语来告诉用户自己帐号与其他帐号的不同。例如，抖音号“××车评”，和其他车评帐号一样，帐号内容同为汽车评论视频，但其通过描述“毒辣是毒辣，但都是真话”来告诉用户，虽然视频内容都是关于汽车评论的，但该帐号对于汽车的评论都是真实的评论，这样就给了用户一个关注该帐号的理由，同时也突出了该帐号与其他车评帐号的区别。

通过分析目前市场上热门抖音帐号的描述，总结出以下描述撰写的结构。目前帐号描述主要由“描述＋特点＋联系方式”构成，如图 2－13 所示。

**图 2－13　帐号描述示例**

### 2.3.5　背景图

背景图位于帐号的头部，是帐号中占比最大的区域，利用背景图可以烘托帐号的氛围，同时背景图区域也是天然的广告位，可以将帐号当前活动或主推内容制作成尺寸相符的图像放置在背景图区域，如图 2－14 所示。

**图 2－14　帐号背景图示例**

## 实战演练

### 一、单项选择题

1. 下列哪项是进行帐号定位的目的？（　　）

A. 明确帐号内容创作的方向　　B. 了解竞争对手帐号的情况

C. 完成公司领导安排的任务　　D. 明确自身帐号的变现方式

2. 下列哪项是在视频文案中添加话题的作用？（　　）

A. 获得更多的点赞　　B. 获得更多的播放

C. 获得更大的曝光　　D. 获得更多的评论

3. 下列哪项是帐号描述的作用？（　　）

A. 用来添加广告内容　　B. 告知用户帐号的主题和特点

C. 用来突出创作者的个性　　D. 没有任何实际的作用

4. 帐号抖音号设置错误，需要（　　）天后才能再次进行设置。

A. 7　　B. 30　　C. 180　　D. 360

5. 下列哪项是在帐号名称中包含关键词的作用（　　）。

A. 利于用户搜索　　B. 利于视频获得较高的播放量

C. 利于提升帐号权重　　D. 利于用户识别

## 二、多项选择题

1. 在对帐号定位时，需要进行（　　）。

A. 用户分析　　B. 竞品分析　　C. 自我分析　　D. 市场分析

2. 下列哪些是进行用户分析时，需要分析的内容（　　）。

A. 性别　　B. 年龄　　C. 地域　　D. 兴趣爱好

3. 下列哪些行为能够提高视频的播放量（　　）。

A. 对视频点赞　　B. 对视频评论　　C. 对视频转发　　D. 对视频收藏

4. 下列哪些是进行竞品分析时需要分析的内容（　　）。

A. 竞品帐号内容的创作形式　　B. 竞品帐号内容的更新频率

C. 竞品帐号内容的发布时间　　D. 竞品帐号的帐号基础设置

5. 下列哪些是设置帐号头像时需要注意的事项（　　）。

A. 帐号头像要与帐号主题相关　　B. 帐号头像要易于用户识别和记忆

C. 帐号头像不要频繁进行更换　　D. 帐号头像文件大小不宜过大

## 三、判断题

1. 规划帐号内容时，划分的越细致越好。（　　）
2. 适当运用反转的创作手法，能够提升视频内容的吸引力。（　　）
3. 图文头像比图片头像更受用户欢迎。（　　）
4. 设置帐号名称时，需要利于用户识别和记忆。（　　）
5. 在视频标题中添加与视频内容相关的字词可以帮助系统判定视频主题。（　　）

## 四、问答题

1. 请用自己的理解来解释什么是帐号定位。
2. 请详细列出美食主题的帐号能够创作的内容。
3. 请解释在帐号定位时，进行用户分析的目的。

# 第 3 章

# 3 短视频团队管理

### 知识目标：

1. 了解短视频团队构成
2. 熟悉短视频团队各岗位职责

### 技能目标：

1. 熟悉短视频团队工作流程
2. 掌握短视频团队搭建与管理

### 德育目标：

1. 培养学生具有良好的职业操守和服务意识
2. 培养学生具有良好的工作习惯
3. 培养学生爱国主义思想，增强民族自尊心、自豪感和责任心

## 情境引入

随着短视频行业越来越火热，公司决定组建自己的短视频团队，领导便将这项工作交给小王来负责。由于短视频是新兴的行业，小王对于该行业也缺乏了解，不知道组建一支短视频团队需要包含哪些职位，也不清楚各职位的岗位职责和所需技能，那么小王该如何完成领导布置的这项工作任务呢？

现在短视频已经成为企业必备的营销方式，越来越多的公司开始组建自己的短视频团队。了解短视频团队的岗位构成以及各岗位的工作职能，有助于根据企业的实际情况完成短视频团队的搭建。

一支完整的短视频团队包含以下职位：导演、编剧、摄像师、剪辑师、运营。

企业在搭建短视频团队时，要根据不同时期来组建不同配置的团队。在发展初期，由于工作量不饱和，可以将团队中部分岗位职能进行合并。例如，将导演和编剧的职能进行合并，从而节约运营经费和保证团队高效运营。后期根据公司业务的发展，适时地对团队人员进行扩充。当团队搭建完成后，需要为团队各岗位制定合理的考核方案，从而使各岗位明确自身的工作目标及工作重点。

## 3.1　短视频从业者需要具备的能力

短视频行业经过数年的发展已经日渐成熟，对从业者的能力也从最初的简单拍摄到如今的专业运营。短视频运营是一项综合且复杂的工作，需要不同的能力来做支撑。本节主要介绍作为一名短视频从业者需要具备的能力。

### 3.1.1　用户分析能力

作为短视频从业者，首先要懂用户。因为拍出的视频是给用户看的，因此在视频创作前需要对目标用户进行分析，了解目标用户的喜好，然后根据目标用户的爱好进行视频内容创作，这样创作出来的视频内容才能获得用户的喜爱，并获得大量的曝光与转发。

### 3.1.2　竞品分析能力

竞品分析是作为短视频从业者必须具备的一项能力，因为市场上会有其他从业者创作和自己帐号主题相同的视频内容。关注竞争对手的帐号，分析竞争对手帐号内容的风格、创作形式、内容质量、文案编写、发布时间、更新频率等，才能发现自身存在的不足以及可能存在的机会。俗话说“知己知彼方能百战不殆”，在实际开始内容创作前，分析竞争对手是必不可少的步骤。

**知识加油站**

在进行竞品帐号分析前，首先需要找准竞品分析的帐号。大多数新手用户会选择行业中比较知名的帐号进行分析，其实这种做法并不可取。竞品分析一般是在帐号创立初期需要进行的工作，这个阶段帐号的基本情况属于粉丝数量较少、帐号内容刚刚开始创作，而知名帐号的情况则是帐号已经拥有百万粉丝，并且帐号中已经存在大量视频内容。将这种帐号作为竞品帐号去分析，无法得出适合自身帐号目前情况的结论。对于新帐号来说，一般建议将粉丝数量较低但视频内容点赞量较高的帐号作为竞品帐号分析，这样的帐号其基本情况与自身帐号类似，但是其内容能够获得较高的点赞量，则说明其内容质量较高，比较符合目标用户的需求。

### 3.1.3　话题创作能力

视频创作其实是价值输出和分享的过程，每一个视频都有特定的主题，有的是分享生活中美好的瞬间，有的是记录生活中难忘的时刻。不管视频内容具体是什么，一个受用户喜欢的视频一定有一个清晰的主题，且该主题与用户的生活、工作、感受等能够产生共鸣。因此，作为短视频从业者，挖掘和用户有关的话题是一项不可或缺的能力。

知识加油站

短视频选题是短视频从业者需要具备的技能，该技能需要通过长期的练习才能掌握。在实际工作中，可以通过网络热门事件、评论区用户留言和团队内部讨论来确定视频内容的选题。

### 3.1.4 视频拍摄能力

视频拍摄是利用镜头语言向用户传达想要表达的信息，不同类型的视频，拍摄的方式会有所不同。因此，作为短视频从业者需要了解常用的镜头语言以及拍摄方式，同时能够使用相应的拍摄工具进行视频拍摄。

### 3.1.5 视频剪辑能力

拍摄好的视频往往需要通过后期加工才能呈现到用户面前，作为一名短视频从业者要能使用相应的剪辑软件对视频进行处理，包括切除废片、视频变速、添加音效、添加字幕、添加转场、添加特效、制作视频结尾等。

### 3.1.6 用户互动能力

当视频内容展现到用户面前后，用户往往会对视频内容进行评论，这时就需要专人来回复用户的评论。及时回复用户的评论，能够很好地提升用户的观看体验。通过回复用户的评论，能够更进一步地了解用户的需求。当评论中出现负面内容时，可以通过回复及时进行澄清或解释。

### 3.1.7 活动策划能力

当帐号积累一定数量的粉丝后，就需要通过定期开展活动的方式来提升粉丝的黏度和活跃度，不然久而久之粉丝就会变为僵尸粉，甚至是对帐号取关。互联网上每天都会有新闻热点事件或者节日，短视频从业者需要从这些热点中挑选出适合自己帐号的热点，然后根据热点策划相应的活动。

知识加油站

**僵尸粉**：互联网术语，通常指关注了帐号但是却没有与帐号进行互动的用户。

**取关**：互联网术语，意思为取消关注。

### 3.1.8 数据分析能力

数据分析能力是短视频从业者的眼睛，不会数据分析的从业者无异于盲人摸象。通过数据分析能够发现帐号运营过程中出现的问题，同时能够总结出什么类型的内容更容易受到用户的喜爱、什么类型的内容用户更容易转发、什么时候发布内容更容易曝光等。

以上是短视频从业者需要具备的核心能力，不同的能力对应不同的岗位。在实际工作中，很少有人能够同时具备这些能力，因此根据需要从事的岗位掌握相应的能力即可。

## 3.2 短视频团队构成及岗位要求

现如今短视频行业竞争越来越大，要想在激烈的竞争中脱颖而出，必须依靠团队化的运作。一支完整的短视频团队包含不同的岗位，组建团队时首先需要了解团队的基本构成及各岗位职责，然后根据项目的规模和不同的阶段设置不同的岗位，这样才能在控制运营成本的同时将工作效率最大化。

短视频团队的构成和传统的影视团队类似，主要分为导演、编剧、摄像师、演员、剪辑师、运营人员等岗位，不同的岗位负责的工作内容不同，下面对短视频团队构成及各岗位要求进行介绍。

### 3.2.1　导演

导演是短视频团队的核心职位，主要负责视频整体质量的把控，包括视频的主题、风格、拍摄效果、最终呈现效果等，其主要岗位职责如图 3－1 所示。

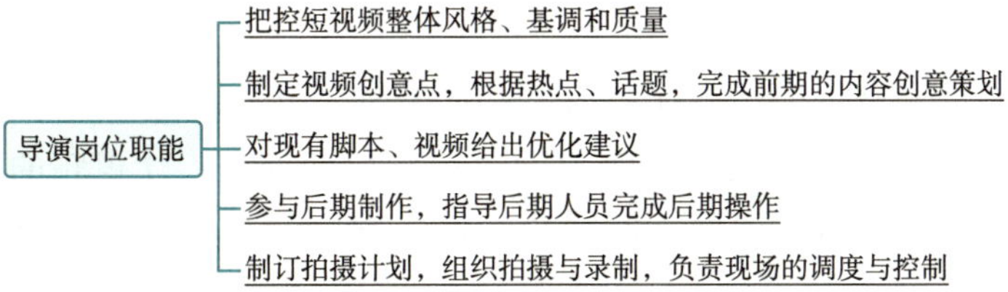


**图 3－1　导演岗位职能**

### 3.2.2　编剧

编剧主要负责视频创意的策划、剧本的编写、分镜脚本的撰写等，该岗位要求脑洞大、网感强，对网络上新鲜的话题事件比较敏感，能抓住重点并形成创意，其主要岗位职责如图 3－2 所示。

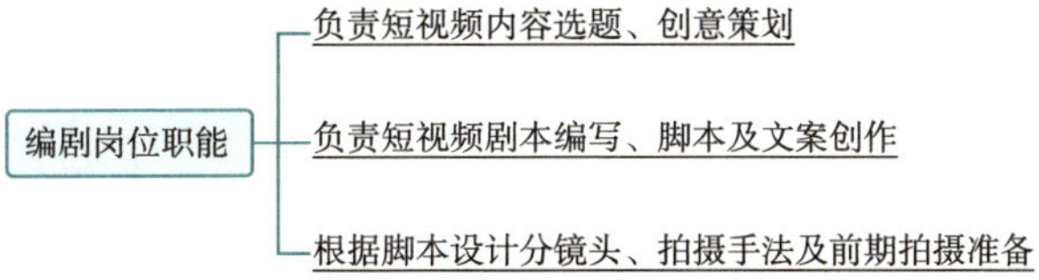


**图 3－2　编剧岗位职能**

### 3.2.3　摄像师

摄像师主要负责视频的拍摄，能够利用镜头语言生动地向用户传达相应的内容。该岗位需要掌握不同拍摄器材的使用，并且能够熟练使用各种拍摄景别及拍摄方法，其主要岗位职责如图 3－3 所示。

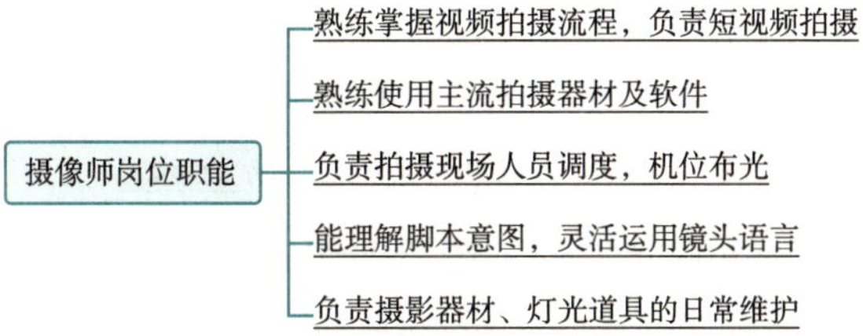


**图 3－3　摄像师岗位职能**

### 3.2.4 演员

演员主要根据相应的脚本进行对应角色的演出，演员需要通过表情、肢体动作、台词等表现出剧中人物的特点，以达到表演的效果。演员需要具备良好的形象和气质，有强烈的表演欲望，面对镜头自然大方，其主要岗位职责如图 3－4 所示。

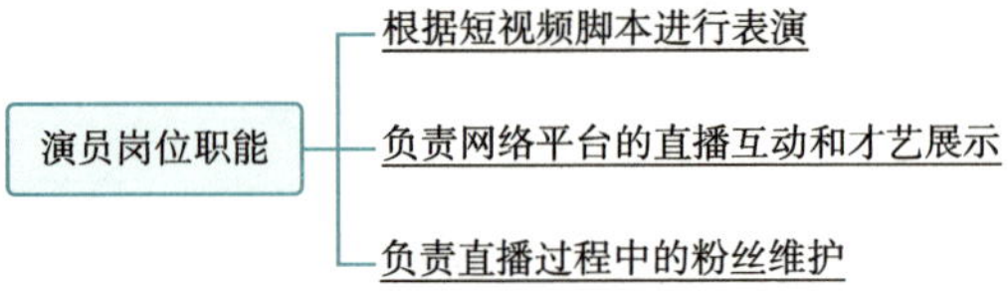


**图 3－4 演员岗位职责**

### 3.2.5 剪辑师

剪辑师主要负责视频后期的处理和加工，具体包括视频剪辑、添加字幕、添加音效、添加转场、视频调色等处理。剪辑师需要通过视频后期处理，让视频的表现力更强，用户的观看体验更好。剪辑师需要熟练使用 Premiere、After Effects 等剪辑工具。其主要岗位职责如图 3－5 所示。

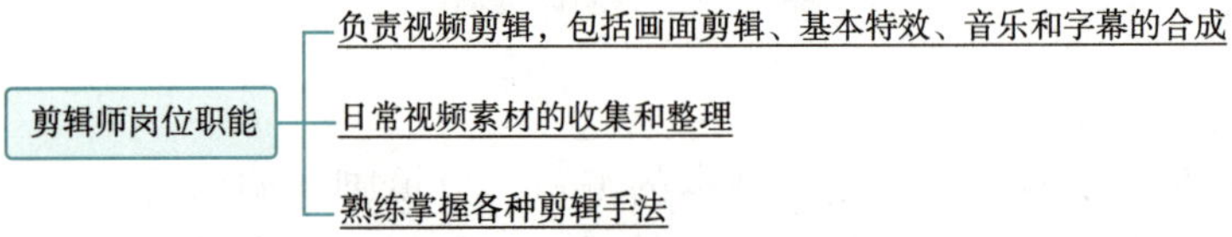


**图 3－5 剪辑师岗位职责**

知识加油站

**Premiere**：简称“PR”，是一款由 Adobe 公司推出的视频编辑软件，主要用于视频、广告及电视节目等内容的制作。

**After Effects**：简称“AE”，是一款由 Adobe 公司推出的图形视频处理软件，主要用于动画、视频后期等内容的制作。

### 3.2.6 运营人员

运营人员主要负责视频拍摄制作完成后的运营推广工作，主要包括视频标题的编写、视频文案的编写、视频封面的制作、视频的发布、短视频帐号的推广以及粉丝的互动与维护。其主要岗位职责如图 3－6 所示。

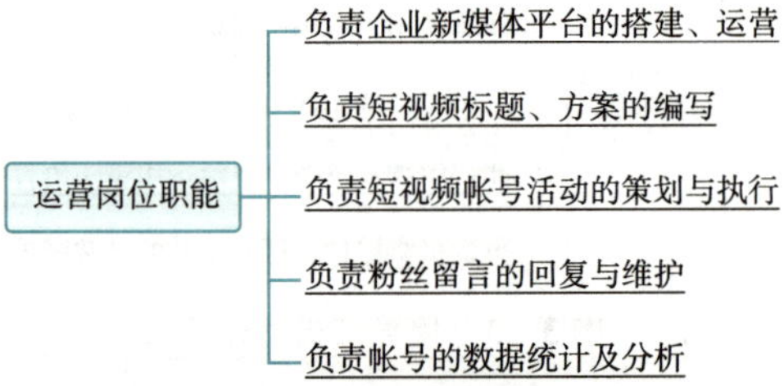


**图 3－6 运营岗位职责**

在实际工作中，各岗位的工作职责会有一定程度上的交集。有时会要求导演既能把控视频的整体质量，又能进行创意的策划以及剧本的编写；会要求摄像师既能负责视频的拍摄、场景和灯光的布置，又能独立完成视频后期的处理工作；会要求短视频运营人员既能负责帐号整体的运营工作，又能兼职演员出镜参与视频拍摄。因此，在实际组建短视频团队时，需要根据项目的预算和实际情况进行招聘。

## 3.3　短视频团队工作流程

短视频团队每天的工作内容主要是围绕视频内容的生产与制作来制定的，不同的团队工作流程会有所不同，但是主要工作流程都会包含选题、视频创作、视频剪辑、成片效果预览、定稿、视频发布等。下面具体对短视频团队常规的工作流程进行讲解。

### 3.3.1　选题

选题是每天工作流程的第一步，上班的第一件事是浏览各大热点网站，寻找当天的热点，并从中选取能够借势的热点。一般会整理几个热点，然后发布到工作群里或通过简单会议的形式进行讨论，确定出可以使用的热点。当然热点也不是天天都会有，当没有合适的热点时，会从行业用户需求的角度进行选题，列出用户常见的几种需求，然后结合相关数据确定最终的选题。

知识链接

热点网站

| 序号 | 网站名称 | 网址 |
|---|---|---|
| 1 | 百度热搜 | https：//top. baidu. com/board |
| 2 | 微博搜索－热搜榜 | https：//s. weibo. com/top/summary |
| 3 | 抖音热榜 | https：//www. douyin. com/hot |

### 3.3.2　视频创作

确定好视频的选题后，会围绕视频的主题进行视频的创作。视频创作的方式主要有三种，分别为视频拍摄、二次加工和视频录制（见表 3－1）。如果是通过视频拍摄方式进行创作，则需要导演、编剧、演员、摄像师等参与创作。如果是二次加工的方式进行创作，则需要剪辑人员根据视频剪辑需要进行相关视频素材片段的收集。如果是视频录制的方式进行创作，则需要相关技术人员录制操作演示过程的视频。

表 3－1　视频创作方式的比较

| 比较标的 | 视频拍摄 | 二次加工 | 视频录制 |
|---|---|---|---|
| 创作方式 | 使用手机拍摄视频内容 | 下载视频素材并进行二次加工，包括剪辑视频片段、添加字幕特效等 | 使用录屏软件录制视频内容 |
| 难易程度 | 较难 | 容易 | 容易 |
| 优点 | 视频内容质量较高 | 创作成本较低 | 视频内容质量较高 |
| 缺点 | 创作成本较高，创作时长较长 | 高清无版权视频资源不易寻找 | 创作时长较长 |

### 3.3.3 视频剪辑

视频创作完成后，则需要根据视频想要表达的效果对创作好的内容进行剪辑，此时主要是剪辑人员对视频进行剪辑操作，剪辑完成后需要将视频成片给主管或导演进行审核。一般在视频剪辑时，剪辑人员需要确定相应的剪辑标准，比如视频的时长、使用图标素材的类型、音效等。

### 3.3.4 成片效果预览

视频剪辑完成后，主管或导演需要对视频成片的效果进行预览，一般建议在手机上进行预览，因为这样看到的效果就是用户实际看到视频的效果。预览视频成片时，主要需要对视频成片效果、播放速度、视频开头、结尾关注、转场音效使用是否恰当等进行把控。

### 3.3.5 定稿

视频成片预览确认无误后，就可以对视频内容进行定稿。定稿后运营人员需要根据视频内容制作视频封面，然后编写视频的描述。

### 3.3.6 视频发布

制作好视频封面和编写好视频描述后，就可以选择合适的时间发布视频内容了。发布视频内容时，可以从抖音 PC 端创作服务平台中进行发布。

## 3.4 短视频团队搭建与管理

随着短视频行业不断的发展，短视频创作越来越趋于团队化运作。搭建一个专业的短视频创作团队，能够提升短视频的创作效率。不同的创作时期对于团队搭建的要求不同，根据项目需求合理地搭建项目团队，不仅可以将投入产出比最大化，还便于团队的管理。本节主要介绍市场上常见的 3 种团队配置以及管理方式。

### 3.4.1 短视频团队搭建

短视频团队搭建主要分为 3 种搭建方式，即简单配置、一般配置和豪华配置（见表 3－2）。搭建短视频团队时需要根据项目所处的周期，合理地配置相应的团队成员，在控制帐号运营成本的前提下，将团队的产出做到最大化。

表 3－2　短视频团队搭建

| 团队配置 | 人数 | 岗位 | 工作内容 |
|---|---|---|---|
| 简单配置 | 1 | 短视频运营 | 负责短视频帐号运营的所有工作内容 |
| 一般配置 | 3 | 摄像师＋剪辑师＋短视频运营 | 摄像师负责短视频素材的拍摄 |
| | | | 剪辑师负责短视频内容的剪辑与后期制作 |
| | | | 短视频运营负责短视频帐号的运营 |
| 豪华配置 | 5 | 导演＋编剧＋摄像师＋剪辑师＋短视频运营 | 导演负责对短视频内容整体拍摄效果进行把控 |
| | | | 编剧负责短视频主题策划及脚本编写 |
| | | | 摄像师负责短视频素材的拍摄 |
| | | | 剪辑师负责短视频内容的剪辑与后期制作 |
| | | | 短视频运营负责短视频帐号的运营 |

1. 项目初创期

项目初创期即项目刚启动的时候，这个时候需要完成的工作内容较多，但是帐号此阶段没有任何流量，也无法进行变现和盈利，因此该阶段建议精简团队配置。如果自己既会脚本编写又能独立完成视频的拍摄与剪辑，那么前期可以一个人完成帐号的运营工作，等后期帐号积累一定粉丝后再考虑招募新的团队成员。

当然有的帐号可能内容为短视频情景剧，需要涉及不同的演员来出演不同的角色。这时首先可以考虑团队内部兼职的方式，如果团队内部没有合适的演员来出演相应的角色，也可以考虑从市场上聘请兼职人员。

2. 项目中期

项目中期即帐号运营了一段时间，积累了一定粉丝数量的阶段，这时帐号内容的创作风格和标准都已确定，需要完成的工作内容主要是按照既定的视频风格和标准，快速产出更多的优质内容。这时视频拍摄和剪辑的工作内容会较多，因此该阶段可以按照内容策划 + 视频剪辑的配置来搭建团队。其中内容策划人员主要负责视频内容创意的构思以及脚本的编写，视频剪辑人员主要负责视频后期的剪辑与制作。

3. 项目成熟期

项目成熟期即帐号积累了大量的粉丝，并且已经实现盈利的阶段，此时帐号运营的工作内容也变得越来越多，除了常规的脚本编写、视频拍摄、后期剪辑与制作外，可能还会涉及直播、广告洽谈、商务合作等，这时就需要专人专岗来完成相应的工作内容，此时可以根据项目需求来配置导演、编剧、化妆师、灯光师、摄像师、剪辑师、运营人员等岗位。

### 3.4.2　短视频团队管理

作为短视频项目的负责人，要能够清楚知晓每个岗位需要完成的工作内容以及关键考核指标，并且能够根据项目的不同阶段制定不同的考核任务。这样才能在帐号实际运营时，明确每个岗位的工作目标，同时把控帐号的运营效果。

1. 导演考核指标

导演主要是对视频整体效果负责，具体包括视频成片的质量、播放的效果等。对应到具体数据指标即视频的播放量、播放完成率和平均播放时长。因此在考核导演职位工作完成情况时，可以通过以上相关指标进行评判。

不同的行业视频的播放量、播放完成率和平均播放时长会有所不同，因此在确定具体的考核指标时，可以结合市场同类帐号的数据以及帐号过往视频数据来确定考核指标。

2. 编剧考核指标

编剧主要是负责剧情的设定以及脚本的编写，通过在剧情中设置反转、冲突等，可以有效地提升视频内容的吸引力。一个优秀的剧本是一个优质视频诞生的前提条件，通过在剧情中设置槽点或梗，能够提升观众的观看时长以及互动数据。因此在设置编剧的关键绩效考核指标时，可以将视频的播放完成率、平均播放时长、点赞数、评论数和分享数等作为考核指标。

知识链接

| 相关名词 | 相关解释 |
| --- | --- |
| 反转、冲突、槽点、梗的相关解释 | |
| 反转 | 后一个镜头内容或剧情和前一个镜头内容或剧情形成强烈的反差或对比 |
| 冲突 | 后一个镜头内容或剧情和前一个镜头内容或剧情形成逻辑上的矛盾或冲突 |
| 槽点 | 使观众或用户想要吐槽的点 |
| 梗 | 视频内容中引人发笑的点 |

3. 摄像师考核指标

摄像师主要是负责短视频内容的拍摄，通过不同的镜头语言向观众表达想要表达的信息。不同镜头和景别的运用，会给观众不同的观感，从而影响观众是否继续观看视频内容。因此在设置摄像师的关键绩效考核指标时，可以将视频的播放完成率和平均播放时长作为考核指标。

4. 剪辑师考核指标

剪辑师主要是负责视频内容的后期剪辑与制作，通过不同的剪辑手法以及特效的运用来提升视频的感染力和表达效果。视频的剪辑会对视频成片的质量产生较大的影响，一段恰当的配乐或一个炫酷的镜头往往能够提升用户的观感，从而提升视频的完播率和平均播放时长。因此在设置剪辑师的关键绩效考核指标时，可以将视频的播放完成率和平均播放时长作为考核指标。

5. 运营考核指标

运营主要是负责短视频帐号的推广以及日常的运营，通过制作与视频内容相关的封面以及编写吸引用户观看的标题，从而提升短视频的播放量。除此之外，运营还可以通过回复用户的评论来提升用户的体验，从而提升帐号的互动数据。因此在设置运营的关键绩效考核指标时，可以将短视频的播放量和互动数据作为考核指标。

知识加油站

**神评**：指出人意料、有趣搞笑的评论，这种评论往往能够获得大多数用户的点赞和评论。

通过以上内容可以对短视频团队中不同职位的关键考核指标有一定的了解（见表3－3），但是在帐号实际运营时，是不可能划分得那么清晰的。虽然每个职位有对应的考核指标，但是每个职位的工作内容又会对其他职位的考核指标产生影响，因此只有各岗位通力协作，才能使短视频相关的数据指标越来越好。

表 3-3　短视频运营相关考核指标

| 职位 | 考核指标 |
|---|---|
| 导演 | 整体视频内容质量把控 |
| 编剧 | 视频脚本编写数量、视频脚本编写质量 |
| 摄像师 | 视频素材拍摄数量、可用视频素材数量 |
| 剪辑师 | 短视频制作视频数量、视频成片质量 |
| 运营 | 播放量、点赞数、分享数、粉丝量、评价数、私信数 |

知识链接

考核指标相应解释

| 考核指标 | 相应解释 |
|---|---|
| 视频播放量 | 视频内容被用户查看的次数，每查看 1 次，计为 1 次播放量 |
| 视频完播率 | 作品完整播放次数的占比 |
| 视频点赞量 | 作品获得点赞次数 |
| 视频评论量 | 作品获得评论次数 |
| 视频分享量 | 作品获得分享次数 |

## 实战演练

### 一、单项选择题

1. 短视频编剧主要负责（　　）。

A. 短视频内容的拍摄　　B. 短视频剧本及脚本的编写

C. 短视频内容的剪辑　　D. 短视频活动的策划

2. 下列哪项是短视频运营岗位的考核指标（　　）。

A. 视频播放量　　B. 视频展现量

C. 视频数量　　D. 视频更新频率

3. 短视频剪辑师主要负责（　　）。

A. 短视频帐号运营　　B. 短视频内容剪辑

C. 短视频内容拍摄　　D. 短视频活动策划

4. 短视频摄像师主要负责（　　）。

A. 短视频脚本编写　　B. 短视频活动策划

C. 短视频数据分析　　D. 短视频内容拍摄

5. 企业在搭建短视频团队时需要根据（　　）来确定人员配置。

A. 项目不同阶段　　B. 不同运营经费

C. 甲方领导喜好　　D. 视频内容需求

## 二、多项选择题

1. 下列哪些是短视频导演需要具备的职责（　　）。

A. 把控短视频整体风格

B. 制定视频创意点

C. 对现有脚本提出优化建议

D. 制订拍摄计划

2. 下列哪些是剪辑师的主要工作内容（　　）。

A. 对视频素材进行剪辑

B. 给视频添加配乐

C. 给视频添加字幕

D. 负责视频内容输出

3. 摄像师在拍摄视频内容时，可以通过（　　）来提升视频的观感。

A. 不同镜头的运用　　B. 不同设备的运用

C. 不同软件的运用　　D. 不同景别的运用

4. 短视频编剧可以通过在剧情中设置（　　）来提升用户的观看时长。

A. 槽点　　B. 梗　　C. 反转　　D. 对比

5. 下列哪些岗位的工作内容会影响视频内容的质量（　　）。

A. 导演　　B. 摄像师　　C. 剪辑师　　D. 编剧

## 三、判断题

1. 在选取视频主题时，主题需要与用户产生共鸣。（　　）

2. 定期策划和开展活动能够提升帐号粉丝的活跃度。（　　）

3. 短视频运营岗位需要负责视频封面的制作。（　　）

4. 发布视频内容时无须对成片内容进行预览。（　　）

5. 短视频剪辑师主要负责与用户互动。（　　）

## 四、问答题

1. 请写出短视频从业者需要具备的能力。

2. 请写出短视频团队的基本岗位构成。

3. 请写出短视频团队的工作流程。

第 4 章

# 4 短视频拍摄与制作

## 知识目标：

1. 了解短视频拍摄常用设备
2. 熟悉短视频拍摄前期准备工作内容
3. 掌握短视频拍摄与制作流程

## 技能目标：

1. 掌握短视频拍摄方法与技巧
2. 掌握短视频剪辑方法与技巧

## 德育目标：

1. 培养学生具有较强的版权意识
2. 培养学生具有良好的职业操守和工作作风
3. 培养学生爱国情感和高度责任感

## 情境引入

公司新承接了一个项目，需要为该项目制作一条宣传视频，领导便安排小王来负责视频内容的拍摄与制作。由于前期没有涉及相关工作内容，小王不知道该如何着手，便在网上查询相关信息。如“用什么工具拍摄视频效果更好”“剪辑用什么软件”等，看着网上各式各样的信息，小王不知道该相信哪个，此时的小王该怎么办呢？

短视频拍摄是指使用专业的器材拍摄和录制视频画面，在拍摄和录制的过程中使用不同的景别和拍摄手法呈现出不同的画面效果。

短视频制作是指使用专业的视频剪辑工具，对拍摄的视频素材进行剪辑。具体内容包括对拍摄的视频素材进行分割、调整视频时长及顺序、为视频添加字幕、特效、滤镜、贴纸等，使视频内容具有更好的用户观感。

短视频拍摄和制作是作为一名短视频运营人员必备的技能，制作不同主题和效果的视频内容，需要使用不同的拍摄手法和剪辑技巧。在平时的帐号运营过程中，需要注意积累和分析行业头部帐号视频素材拍摄的手法和剪辑的技巧，并通过不断的实践操作进行强化，从而熟练掌握相应技能。

## 4.1 短视频拍摄前期准备工作

要想创作出精美的视频，前期的准备工作必不可少。在进行短视频创作前，需要根据视频拍摄的需求，来选购或租赁相应的设备、场地，同时根据视频的定位挑选合适的演员。本节主要对实际拍摄时器材的选择、场景的挑选及布置、演员的挑选进行讲解。

### 4.1.1 场景准备

在进行视频拍摄时，除了需要准备相应的拍摄器材外，还需要根据拍摄的目的和要求，来挑选或布置拍摄的场景。拍摄场景主要分为室内拍摄场景和户外拍摄场景，在布置拍摄场景时，往往需要注意以下几点：

#### 1. 场地布置

在进行拍摄场地布置时，需要根据拍摄的主题和需求进行场景的搭建。例如，拍摄的视频主题是美食，那么将拍摄场景布置成厨房会比较合适。布置场地时，需要清除与画面无关的物体，以免穿帮或对画面内容造成干扰。

#### 2. 装饰物布置

布置视频拍摄场景时，往往会增加部分装饰物来突出主体或烘托氛围。在挑选装饰物时，需要保持装饰物的调性与视频主题一致，同时装饰物所占的面积不宜过大，颜色不要过于抢眼，不然会喧宾夺主，影响视频所要传达的信息。

#### 3. 场景光线

拍摄场景中的光线会对视频拍摄的最终效果产生较大的影响，如果是户外拍摄，则需要考虑拍摄当天的天气情况，避免由于阴天导致光线不足，或者是太阳光过于刺眼导致曝光过度。如果是室内拍摄，则需要考虑是否需要使用补光灯对物体的阴影面进行补光，同时要考虑主光源和辅助光源摆放的位置。

### 4.1.2 器材准备

在开始短视频拍摄前，选择合适的拍摄器材很重要。不同的器材功能不同，适合拍摄的场景和价格也不同（见表4－1）。目前市面上所使用的拍摄器材大致如下：

**表4－1　不同器材的功能及价格对比**

| 设备 | 功能 | 参考价格 |
|---|---|---|
| 智能手机 | 视频画面拍摄 | 3 000～5 000元 |
| 手持云台 | 保持画面稳定 | 100～1 000元 |
| 自拍杆 | 多角度拍摄 | 30～60元 |
| 摄像补光灯 | 拍摄时提供辅助光线 | 50～500元 |

续表

| 设备 | 功能 | 参考价格 |
|---|---|---|
| 手机外置摄像头 | 拍摄广角或微距画面 | 50 ~ 150 元 |
| 手机支架 | 保持画面稳定 | 30 ~ 150 元 |
| 单反相机 | 拍摄高清图像或视频 | 6 000 ~ 20 000 元 |
| 数码摄像机 | 拍摄专业画面或特殊镜头 | 3 000 ~ 10 000 元 |

1. 智能手机

智能手机是目前使用频率最高的拍摄器材，由于其小巧、操作简单、易携带的特性，大多数视频创作者在进行视频拍摄时，都会使用智能手机进行拍摄。使用智能手机拍摄能够满足一般的拍摄需求，但由于智能手机拍摄像素较低，如果对画质、细节等有较高的要求，就不适合使用其进行拍摄。

2. 手持云台

手持云台，也称为手持稳定器，是一款用来辅助拍摄时保持画面稳定性的工具，如图 4 – 1 所示。使用手机拍摄时，有时由于手抖的原因，会造成画面出现抖动。这时使用手持云台可以很好地解决这个问题。除了能够手持进行拍摄外，还可以将手持云台安装到无人机上进行拍摄，使用手持云台进行拍摄，可以随时随地拍摄出高精度的稳定画面。

3. 自拍杆

当一个人外出进行拍摄时，往往需要使用到自拍杆。自拍杆作为拍照神器，能够帮助拍照者完成多角度拍摄（见图 4 – 2）。当需要进行录像时，还可以将自拍杆底部展开，变成手机支架。

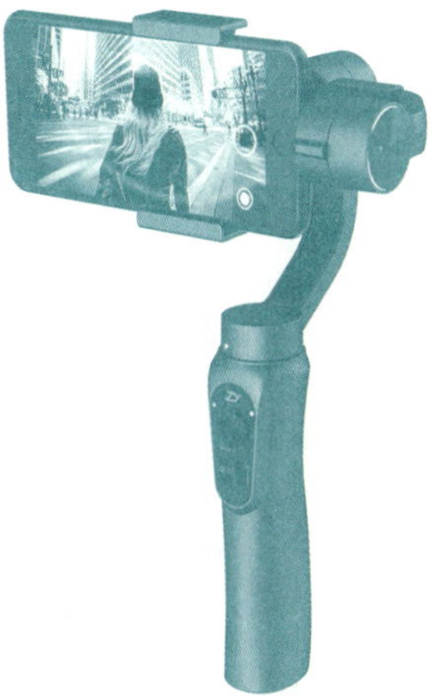

**图 4 – 1　手持云台**

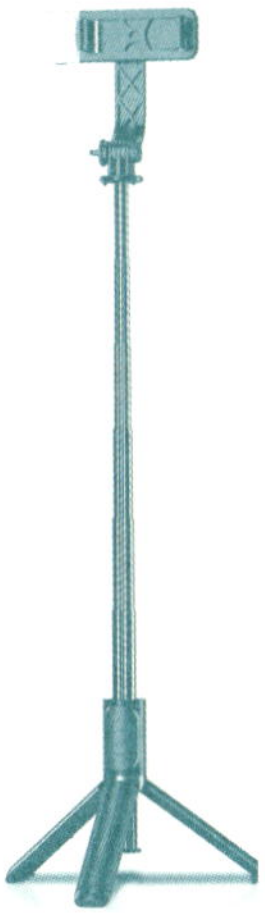

**图 4 – 2　自拍杆**

4. 摄像补光灯

摄像补光灯也称为摄像灯、机头灯、新闻灯等，如图 4 – 3 所示。其主要作用是在缺乏光线条件情况下拍摄时提供辅助光线，以得到合理的画面素材。摄像补光灯主要应用于室内画面的拍摄，使用摄像补光灯除了能够对画面进行补光处理外，还可以对画面的色温进行调节。

5. 手机外置摄像头

使用手机进行拍摄时，有时会遇到需要拍摄广角或微距的情况，这时使用手机自带的摄像头无法完成相应的拍摄，就需要使用手机外置摄像头（见图4－4）。使用手机外置摄像头进行拍摄时，除了能够完成广角、微距等拍摄，还能通过镜头自身的光路设计、校正画面拍摄时产生的畸变。

图4－3　摄像补光灯

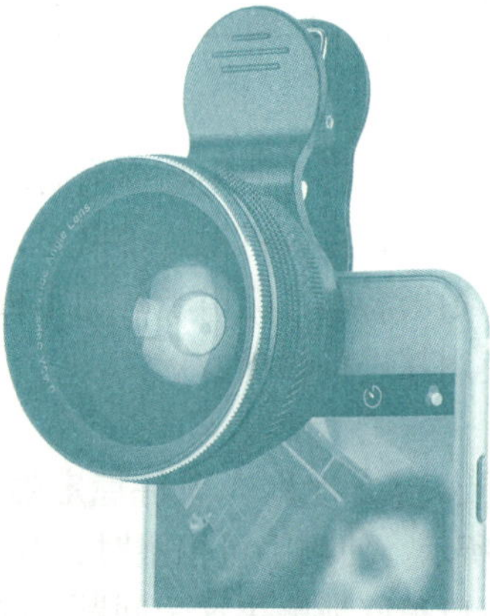

图4－4　手机外置摄像头

6. 手机支架

手机支架是视频拍摄时必不可少的一项设备，使用手机支架可以将手机稳定在桌面上进行拍摄，防止画面出现抖动的情况。目前市面上手机支架主要分为两种，即普通的手机支架和带补光灯功能的手机直播支架，如图4－5所示。

7. 单反相机

单反相机是相对专业的拍摄设备，通过调整光圈、快门的设置，可以拍摄出效果更丰富的照片，如图4－6所示。一些高清画质，细节呈现更丰富的照片往往都是通过单反相机拍摄出来的。

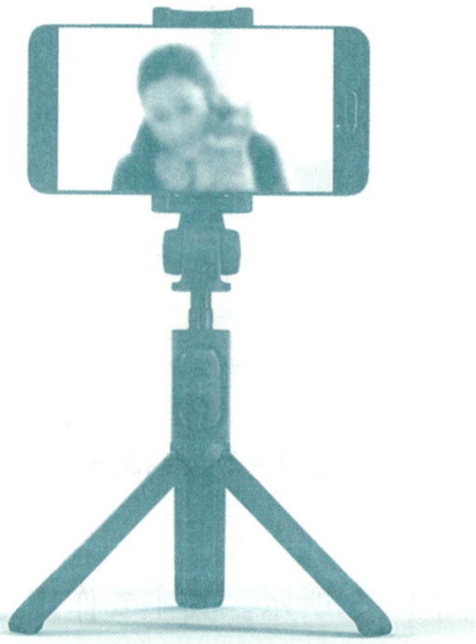

图4－5　手机支架

图4－6　单反相机

8. 数码摄像机

数码摄像机作为专业的视频拍摄设备，往往应用于对画面质量要求较高的拍摄场景，如图 4－7 所示。使用数码摄像机拍摄，可以拍摄出很多手机无法拍摄出来的画面，例如，摇移镜头、慢镜头等。

图 4－7　数码摄像机

在实际拍摄时需要根据拍摄需求选择合适的拍摄器材，个人拍摄或者对于画质没有过高要求的拍摄时，可以使用智能手机搭配手持云台进行拍摄。如果对于画质要求较高，或者需要拍摄特殊镜头时，可以使用单反相机或数码摄像机进行拍摄。

### 4.1.3　演员挑选

部分短视频的拍摄需要演员出镜进行表演，例如，情景剧或好物种草类型的视频。在挑选演员时需要根据剧中人物的设定进行挑选，挑选演员时需要注意以下几点：

1. 形象

剧中每个角色都有其对应的外形特征。例如，“武夫”对应的角色特征是身材魁梧，肌肉发达。因此在挑选演员时，演员自身的特征要与对应角色的特征相符，这样才能给人一种本色出演的感觉。

2. 气质

气质是一种虚无缥缈却又真实存在的东西，不同的角色需要不同的气质来衬托，有的需要可爱的气质，有的需要高贵的气质，有的需要霸气的气质。因此在挑选演员时，需要挑选与剧中角色气质相符的演员。

3. 表演能力

表演能力是一个演员的基本功，一个优秀的演员往往可以通过出色的演技将角色演活，让人感觉仿佛他就是剧中这个角色，剧中这个角色就是现实生活中的他。因此在挑选演员时，可以通过试镜或录制表演样片的方式来判断演员的表演能力。

## 4.2　短视频拍摄流程

短视频的拍摄主要分为主题确定、脚本编写、场景布置、道具挑选、演员挑选、视频拍摄几个步骤，如图 4－8 所示。

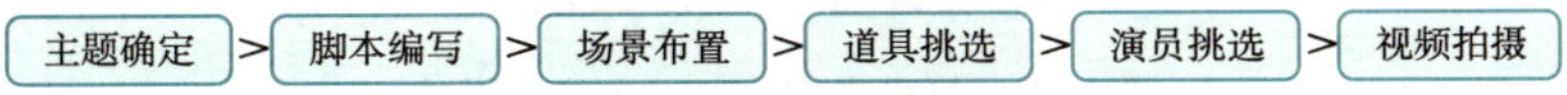


图 4－8　短视频拍摄流程

作为短视频创作者需要清楚知晓短视频拍摄的流程，从而对各个环节进行把控，这样才能拍摄出高质量的短视频内容。本节主要对短视频拍摄时的各个流程进行详细讲解。

### 4.2.1 确定视频拍摄主题

确定视频拍摄主题其实就是确定帐号定位的过程。视频主题是帐号内容创作的方向，它决定着帐号的定位以及具体拍摄的内容。视频拍摄前需要对目标用户进行分析，根据目标用户的性别、年龄、兴趣爱好等来确定视频拍摄的主题。

在确定视频主题时切忌选题过于宽泛或过于细分，选题过于宽泛，会导致帐号定位不明确，无法吸引目标用户。选题过于细分，会导致内容创作题材有限，帐号很难有持续的内容创作和输出。

选题时需要挖掘用户的痛点，每一个用户观看视频内容的背后都会有其特定的需求，有的是为了休闲放松，有的是为了获取知识，有的是为了寻找某个问题的解决方法。在这些需求中，既存在用户的痛点，也存在用户的痒点，短视频创作者需要从这些需求中，提炼出用户的痛点，根据用户的痛点进行内容的创作，这样创作出来的内容才会受到用户的喜爱。

这里以美食主题为例，该主题下主要包含以下两种需求：

（1）美食推荐；

（2）美食制作。

通过分析会发现需求（1）为用户的痒点，需求（2）为用户的痛点，因此可以将“美食制作”作为视频拍摄的主题，视频拍摄的内容即各种美食制作的方法。

这里以某美食帐号为例，其帐号内容为各种美食的做法，如图 4－9 所示。以其中某一条视频内容为例，该视频讲解了南瓜汤的做法，视频从最初的食材加工到菜肴具体的制作，清楚详细地讲解了南瓜汤的制作步骤，如图 4－10 所示。用户看完该视频内容后，也能按照视频中的制作步骤，完成南瓜汤的制作，从而解决了用户想要制作该美食的痛点。

**图 4－9 帐号内容为各种美食的做法**

**图 4－10　部分南瓜汤制作步骤**

### 4.2.2　编写视频拍摄脚本

一条短视频的拍摄往往需要一条清晰的主线，而这条主线正是短视频脚本。其实视频脚本由来已久，其主要出现在电影、喜剧内容的拍摄中。它就像故事发展的大纲，用以确定整个作品的发展方向和拍摄细节。

比如说有具体剧情的视频内容，一切参与视频拍摄和剪辑的人员，包括演员、摄影师、道具师、服装师、剪辑师等，所有的行为和动作都是依照于脚本内容的，包括什么时间，什么场景，画面中出现哪个角色，穿着什么服装，使用什么道具，运用什么拍摄手法，镜头拍摄多长时间等，都是根据视频的脚本来创作的。

创作视频脚本其实没有想象中的那么困难，主要是根据想要表达的内容来设计剧情，然后根据剧情中不同的镜头，编写对应的台词。编写短视频脚本主要分为以下三个步骤：

#### 1. 明确主题

每一个情景类型的视频都会有一个特定的主题，比如是感恩过去曾经帮助过自己的人，又或是弘扬正能量的事迹。因此，在进行视频脚本创作时，首先要弄清视频的主题是什么，然后围绕主题进行创作。

2. 搭建框架

明确视频主题后，接下来就是根据主题搭建视频脚本的框架。一般一个视频会分为多个片段进行拍摄，搭建框架就是将这些视频片段按照剧情进行整理。例如，视频拍摄的是"扶不扶"的主题，那么根据该主题搭建的视频脚本框架是：

（1）一位老人买完菜准备回家；

（2）老人突然摔倒；

（3）路过的行人看到后犹豫要不要去扶老人起来，但最终没有人伸手去扶；

（4）一位放学路过的学生看到老人，主动扶起老人。

在这个环节，可以设置很多这样的情节来表现主题，最终形成一个故事。

3. 细节填充

细节填充就是根据搭建好的视频脚本框架，来完善具体的细节内容，包括镜头拍摄的方式、镜头拍摄的时长、相应镜头的台词、镜头使用的景别、镜头使用的道具等。通过细节的完善，能够使视频的内容更加丰满，增强视频的表现力。

一般视频脚本可以分为纯文字类、图文并茂类和动态类。纯文字类视频脚本主要用表格进行制作，在表格中注明拍摄的镜号、景别、镜头运用方式、镜头时长、画面内容、使用的音效等内容，如表 4－2 所示。

**表 4－2　　纯文字类视频脚本**

| 镜号 | 摄法技巧 | 景别 | 分镜头时长 | 画面 | 声音 | 背景音乐 |
|---|---|---|---|---|---|---|
| 1 | 向左摇 | 近景 | 4 秒 | 儿媳在厨房切菜，水管流着水，水中泡着苹果等，锅里冒着热气，旁边摆着一些做好的菜 | 水流的声音 | 欢快音乐响起 |
| 2 | 向左摇 | 中景 | 0.5 秒 | 老太太一边擦桌子，一边笑看旁边 | | |
| 3 | 长镜头 | 远景 | 2.5 秒 | 老爷子和孙子在沙发上坐着，孙子给老爷子戴上带有"生日快乐"字样的帽子，老爷子开心地摸了一下帽子，然后抱起孙子 | 老爷子开怀的笑声 | |

图文并茂类视频脚本和纯文字视频脚本结构类似，区别是在画面一栏中用具体的图像代替文字描述，如图 4－11 所示。

制作图文并茂类视频脚本需要具有一定的绘画基础，在大型的剧组中，图文并茂类视频脚本一般由专业的分镜师进行创作。

动态类视频脚本是建立在图文并茂类型的基础上，将绘制的画面内容用 AE、PR 等视频制作软件简单进行后期处理，最终变成一个可以预览的视频。

| 镜号 | 画面 | 内容 | 对白 | 时间 |
|---|---|---|---|---|
| 21 |  | 全景 | 未经授权且勿动用消防器材…… | 6” |
| 22 |  | 全景 | 厂区内禁止流动吸烟如…… | 4” |
| 23 |  | 全景 |  | 4” |
| 24 | 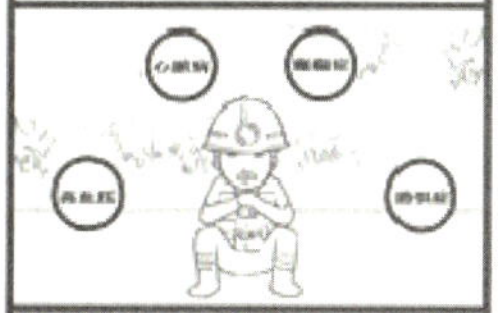 | 全景 | 如有身体不适及其他安全问题…… | 6” |
| 25 | 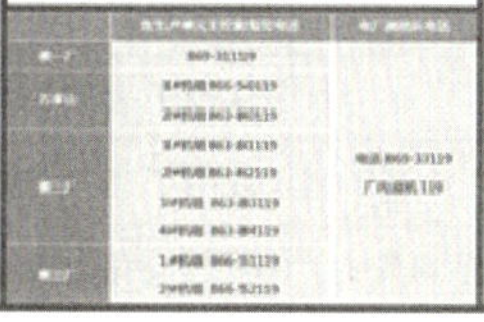 |  |  | 8” |

备注：

第5页

**图 4－11　图文并茂类视频脚本**

### 4.2.3　场景布置

见 4.1.1 的内容。

### 4.2.4　道具挑选

见 4.1.2 的内容。

### 4.2.5　演员挑选

见 4.1.3 的内容。

### 4.2.6　视频拍摄

确定好视频的主题和脚本后，就可以按照脚本的内容进行视频拍摄了。在开始正式拍摄前，需要检查拍摄场景，确保其中没有与拍摄内容无关的人或物。其次还需要检查演员的着装、使用的道具是否和拍摄要求相符。摄影师最好能够先熟悉拍摄的内容和要求，从而确定拍摄时使用的设备和方法。演员需要提前熟悉拍摄的内容和台词，避免在正式拍摄时出现忘词而影响拍摄进度。拍摄时尽量使用三脚架、手持稳定器等设备，以免拍摄时画面出现抖动。

要想拍出优秀的视频作品，合理运用拍摄技巧是关键。在视频拍摄时可以通过镜头的构图、声音的录制以及不同景别的运用，来提升画面的表现力，突出视频的主题，提升镜头的美感。在实际拍摄时，可以运用以下技巧来提升视频拍摄的质量。

1. 视频构图

构图可以说是视频拍摄前期最重要的事情之一，担负着突出主体、吸引视线、简化杂乱、给出均衡、和谐画面的作用。好的构图能够突出画面的中心，使画面更富有故事性。

构图可以说是图片元素安排与组合的经验手法。将对比的东西分为主体与客体，或是前景与背景。将协调的物体用三角轴或是斜线来排列，将光与影变成有情感的组合，这些都是构图的手法。一个好的构图，可以将平凡的东西变得无与伦比、突出主题；相反，一个不好的构图，则会将一个有魅力的主角变得俗不可耐，降为闲角。

常见的构图手法包括中心构图法、水平线构图法、垂直线构图法等，不同构图法拍摄出来的视频给用户的感觉不同。下面介绍几种在视频拍摄时常用的构图手法，如表 4－3 所示。

表 4－3　不同视频沟通法的画面表现效果及适用场景

| 构图法 | 画面表现效果 | 适用场景 |
| --- | --- | --- |
| 中心构图法 | 主体突出明确、画面容易取得左右平衡 | 用于需要表现严谨、庄严的摄影作品 |
| 水平线构图法 | 表现出宽阔、稳定、和谐的感觉 | 通常运用在湖面、水面、草原等 |
| 垂直线构图法 | 能充分展示景物的高大和深度 | 被摄体自身符合垂直线特征 |
| 三分构图法 | 表现大空间、小对象 | 适宜多形态平行焦点的主体 |
| 对称构图法 | 使画面中景物形成轴对称或者中心对称 | 常用于表现对称的物体、建筑等 |
| 对角线构图 | 画面更加舒展、饱满，视觉体验感更强 | 常用于表现动感、不稳定性或生命力等感觉 |
| 引导线构图法 | 利用线条引导观者的目光，使之汇聚到画面的焦点 | 包含道路、河流、颜色、阴影的画面 |
| 框架构图法 | 引导观看者注意框内景象，产生跨过门框即进入画面的感受 | 常用于表现压抑、悲伤的镜头 |
| 重复构图法 | 突出画面主体 | 当主体内容相同，需要突出某一主体时 |

（1）中心构图法。中心构图是将主体放置在画面中心进行构图，如图 4－12 所示。这种构图方式的最大优点就在于主体突出、明确，而且画面容易取得左右平衡的效果。这对于严谨、庄严和富于装饰性的摄影作品尤为有效。

图 4－12　中心构图法案例

（2）水平线构图法。水平线构图是最基本的构图法，以水平线条为主。水平，舒展的线条能够表现出宽阔、稳定、和谐的感觉，通常运用在湖面、水面、草原等，如图 4－13 所示。

**图 4－13　水平线构图法案例**

（3）垂直线构图法。垂直线构图即画面中以垂直线条为主，如图 4－14 所示。通常运用垂直线构图的时候，被摄体自身就符合垂直线特征，如树木。垂直线在人们的心里是符号化象征，能充分展示景物的高大和深度。

**图 4－14　垂直线构图法案例**

（4）三分构图法。三分构图法，也称为井字构图法，是一种在摄影、设计等艺术中经常使用的构图手段，如图 4－15 所示。在这种方法中，需要将场景用两条竖线和两条横线分割，这样可以得到 4 个交叉点，将画面重点放置在 4 个交叉点中的一个即可。

**图 4－15　三分构图法案例**

（5）对称构图法。对称构图即按照一定的对称轴或对称中心，使画面中景物形成轴对称或者中心对称，如图 4－16 所示。常用于拍摄建筑、隧道等。如果前期没法完全对称，也可以通过后期进行校正和剪裁。

图 4－16 对称构图法案例

（6）对角线构图法。对角线构图是指主体沿画面对角线方向排列，如图 4－17 所示，旨在表现出动感、不稳定性或生命力等感觉。不同于常规的横平竖直，对角线构图对欣赏者来说，画面更加舒展、饱满，视觉体验更加强烈。

图 4－17 对角线构图法案例

（7）引导线构图法。引导线构图法，即利用线条引导观者的目光，使之汇聚到画面的焦点，如图 4－18 所示。引导线不一定是具体的线，但凡有方向的、连续的东西，都可以称为引导线。现实中，道路、河流、颜色、阴影甚至人的目光都可以当作引导线使用。

（8）框架构图法。框架构图，即将画面重点利用框架框起来的构图方法，会引导观看者注意框内景象，产生跨过门框即进入画面的感受，如图 4－19 所示。由于框架亮度往往暗于框内景色亮度，明暗反差大，要注意框内景物的曝光过度与边框曝光不足的问题。

图 4－18　引导线构图法案例

图 4－19　框架构图法案例

（9）重复构图法。重复构图法，即当主体是一群同样的东西，将这一群主体同时拍下来的构图方法，如图 4－20 所示。单调地重复同一物体，占据整个画面并且没有明显杂乱的其他物体出现，同样可以起到突出主体的效果。

图 4－20　重复构图法案例

2. 声音录制

视频拍摄时，视频的配音会影响着视频最终成片的质量。给视频配音时，需要根据视频的调性或内容进行配音。例如，拍摄的是一条卡通视频，那么使用卡通或小孩的声音作为配音会比较合适。给视频配音时最好选用带有降噪功能的麦克风，同时使用固定支架将麦克风固定住，避免因为手抖等原因导致杂音的产生。在实际拍摄时，一般有以下四种方式对视频进行配音，下面分别进行介绍。

（1）实时录音。实时录音即在视频拍摄的过程中进行声音的录制，这种录制方式对于外界环境和录音设备要求较高，需要拍摄环境较为安静并且录音设备能够很好地进行收音。但是在实际视频拍摄时，很难做到拍摄环境较为安静，因此不建议使用这种方式进行声音录制。

（2）后期配音。后期配音即在视频拍摄完成后，对视频进行单独配音，这种配音方式一般是在独立的录音棚里完成的。对视频进行后期配音时，录制的声音要和视频的画面同步，同时还要赋予声音相应的感情。

（3）真人配音。真人配音即聘请专业的声优为视频配音。这种方式价格比较昂贵，一般都是按分钟或字数进行收费。这种配音方式主要应用于电影或者动漫里，短视频拍摄时很少使用这种配音方式。

（4）软件配音。软件配音即使用专业的配音软件为视频配音，市面上这种配音软件比较多，但功能大多类似，主要是提供各种类型的配音，包括男声、女声、童声、新闻、外语、方言等配音，如图 4－21 所示。

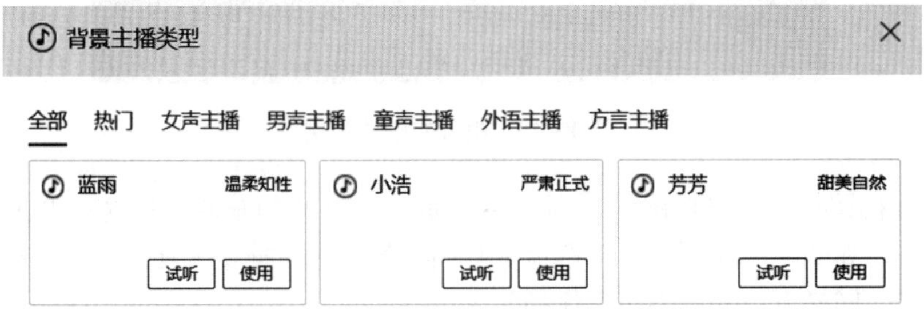


**图 4－21 软件配音声音类型**

使用软件配音能够制作出各种各样的声音，还能根据需求调整声音的语速、设置背景音乐等。但由于不是真人配音，声音会缺乏感情。

3. 景别运用

景别是指由于在焦距一定时，摄影机与被摄体的距离不同，而造成被摄体在摄影机录像器中所呈现出的范围大小的区别。景别的划分，一般可分为五种，由近至远分别为特写（指人体肩部以上）、近景（指人体胸部以上）、中景（指人体膝部以上）、全景（人体的全部和周围部分环境）和远景（被摄体所处环境），如图 4－22 所示。

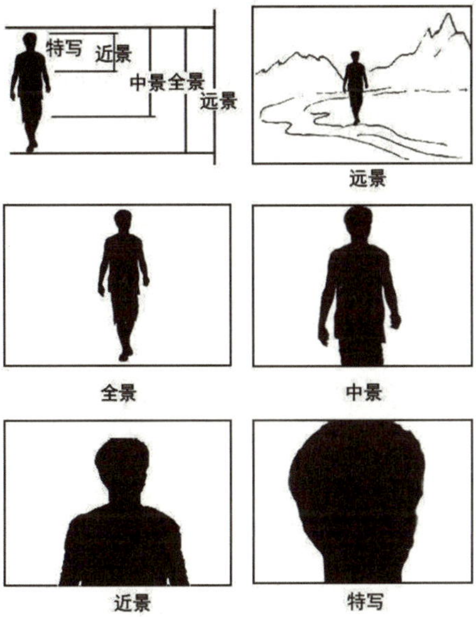


图 4－22　景别的划分

不同的景别在拍摄时的作用也不同（见表 4－4），下面简单介绍一下各景别的作用。

表 4－4　不同景别的作用及适用场景

| 景别 | 作用 | 适用场景 |
| --- | --- | --- |
| 远景 | 用来表现环境全貌 | 常用于介绍环境 |
| 全景 | 用来表现场景的全貌与人物的全身动作 | 常用于表现人物全身、衣着打扮时 |
| 中景 | 用来表现人物之间、人物与周围环境之间的关系 | 常用于包含对话、动作和情绪交流的场景中 |
| 近景 | 着重表现人物的面部表情，传达人物的内心世界 | 常用于表现局部画面内容时 |
| 特写 | 用来描绘人物的内心活动 | 常用于表现人物面部表情或内心活动时 |

（1）远景。远景一般用来表现远离摄影机的环境全貌，展示人物及其周围广阔的空间环境，自然景色和群众活动大场面的镜头画面。它相当于从较远的距离观看景物和人物，视野宽广，能包容广大的空间，人物较小，背景占主要地位，画面给人以整体感。

远景通常用于介绍环境，抒发情感。在拍摄外景时常常使用这样的镜头，可以有效地描绘雄伟的峡谷、豪华的庄园、荒野的丛林，也可以描绘现代化的工业区或阴沉的贫民区。

（2）全景。全景用来表现场景的全貌与人物的全身动作，在电视剧中用于表现人物之间、人与环境之间的关系。全景画面，主要表现人物全身，活动范围较大，体型、衣着打扮、身份交代得比较清楚，环境、道具看得明白，通常在拍内景时，作为摄像的总角度的景别。

(3) 中景。中景为叙事性的景别，中景和全景相比，包容景物的范围有所缩小，环境处于次要地位，重点在于表现人物的上身动作，因此中景在影视作品中占的比重较大。

在包含对话、动作和情绪交流的场景中，利用中景景别可以较好地表现人物之间、人物与周围环境之间的关系。中景的特点决定了它可以更好地表现人物的身份、动作以及动作的目的。

(4) 近景。近景着重表现人物的面部表情，传达人物的内心世界。由于近景画面视觉范围较小，观察距离相对更近，人物和景物的尺寸足够大，细节比较清晰，所以非常有利于表现人物的面部或者其他部位的表情神态，细微动作以及景物的局部状态，这些是大景别画面所不具备的功能。

需要注意的是，由于近景是近距离观察人物，因此拍摄时在造型上要求要细致，无论是化妆、服装、道具都要十分逼真和生活化，不能看出破绽。

(5) 特写。特写主要用来描绘人物的内心活动，由于特写画面视角最小，视距最近，画面细节最突出，所以能够最好地表现人物的面部特征、内心变化等。

4. 拍摄手法

拍摄手法是指拍摄视频时所使用的方式，即运镜技巧。不同的运镜技巧呈现出的镜头语言是不同的（见表 4-5），下面介绍在实际拍摄时常用的 8 种运镜方式。

**表 4-5　　不同运镜方式的画面效果与镜头作用**

| 运镜方式 | 画面效果 | 镜头作用 |
|---|---|---|
| 推镜头 | 逐渐靠近要表现的主体对象，使人感觉一步一步走近要观察的事物 | 突出主体，使观众的视觉注意力相对集中，视觉感受得到加强，造成一种审视的状态 |
| 移镜头 | 将拍摄画面逐步呈现，形成巡视或展示的视觉感受 | 使镜头表现出一种流动感，使观众产生一种置身于其中的感觉，增强了艺术感染力 |
| 跟镜头 | 可以很好地突出主体，表现主体的运动速度、方向及体态等信息，给人一种身临其境的感觉 | 可连续而详尽地表现角色在行动中的动作和表情，既能突出运动中的主体，又能交代动体的运动方向、速度、体态及其与环境的关系，使动体的运动保持连贯，有利于展示人物在动态中的精神面貌 |
| 摇镜头 | 根据镜头摇动的方向，呈现画面的内容 | 用来表现事物的逐渐呈现、用于表现两个物体之间的内在联系 |
| 旋转镜头 | 画面根据机器的旋转而旋转 | 用来代表人物处在旋转状态的主观视线 |
| 拉镜头 | 使观众产生逐渐远离拍摄主体的感觉 | 使人产生宽广舒展的感觉 |
| 甩镜头 | 极快地转移到另一个景物，从而将画面切换到另一个内容，而中间的过程则产生模糊一片的效果 | 表现内容的突然过渡 |
| 晃镜头 | 画面产生上下、左右或前后等的摇摆效果 | 用于表现精神恍惚、头晕目眩、乘车船等摇晃效果，比如表现地震场景 |

(1) 推镜头。推镜头是拍摄中比较常用的一种拍摄手法，它主要利用摄像机前移或变焦来完成，逐渐靠近要表现的主体对象，使人感觉一步一步走近要观察的事物，近距离观看某个事物，它可以表现同一个对象从远到近变化，也可以表现一个对象到另一个对象的变

化，如图 4－23 所示。

图 4－23　推镜头

（2）移镜头。移镜头也称为移动拍摄，它是将摄像机固定在移动的物体上作各个方向的移动来拍摄不动的物体，使不动的物体产生运动效果，摄像时将拍摄画面逐步呈现，形成巡视或展示的视觉感受，如图 4－24 所示。

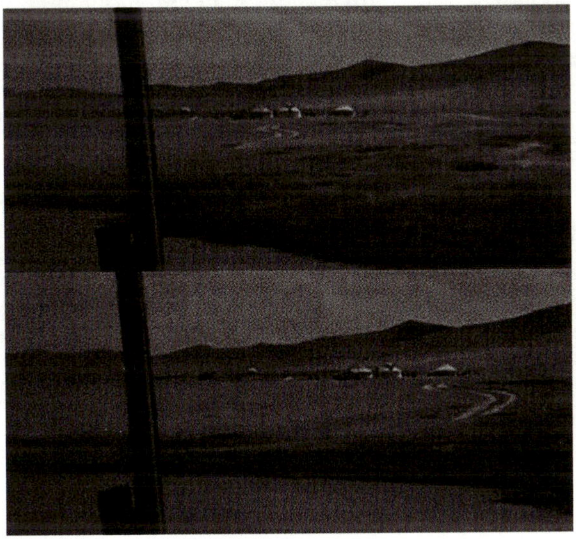

图 4－24　移镜头

（3）跟镜头。跟镜头也是影视拍摄中比较常见的一种方法，它可以很好地突出主体，表现主体的运动速度、方向及体态等信息，给人一种身临其境的感觉，如图 4－25 所示。

（4）摇镜头。摇镜头也称为摇拍，在拍摄时相机不动，只摇动镜头作上下、左右移动或旋转等运动，主要用来表现事物的逐渐呈现，如图 4－26 所示。

图 4－25 跟镜头

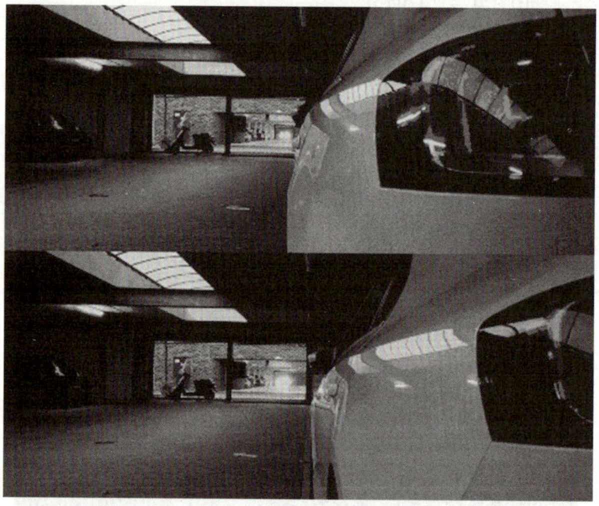

图 4－26 摇镜头

（5）旋转镜头。旋转镜头是指被摄对象呈现旋转效果的镜头，通常用来代表人物处在旋转状态的主观视线，如图 4－27 所示，这种拍摄手法多表现人物的眩晕感觉。

（6）拉镜头。拉镜头是利用摄像机后移或变焦进行画面的拍摄，使观众产生逐渐远离拍摄主体的感觉，如图 4－28 所示。拉镜头和推镜头正好相反，一般从特写或近景拉起，逐渐变化到全景或远景，从而展现更多的视觉内容。

图 4 – 27　旋转镜头

图 4 – 28　拉镜头

（7）甩镜头。甩镜头是快速地将镜头摇动，极快地转移到另一个景物，从而将画面切换到另一个内容，而中间的过程则产生模糊一片的效果，如图 4 – 29 所示，这种拍摄手法可以表现内容的突然过渡。

（8）晃镜头。晃镜头的应用相对于之前几种拍摄方式使用频率相对较低，它主要应用在特定的环境中，让画面产生上下、左右或前后等的摇摆效果，如图 4 – 30 所示，主要用于表现精神恍惚、头晕目眩、乘车船等摇晃效果，比如表现地震场景。

图 4－29 甩镜头

图 4－30 晃镜头

## 4.3 短视频剪辑流程

短视频剪辑
流程

视频拍摄完成后，接下来就是对拍摄的视频内容进行后期处理，主要包括对视频片段的剪辑、调色、添加特效、添加转场、添加字幕、添加配乐等操作，如图 4－31 所示。本节主要对视频后期制作流程进行介绍。

视频剪辑 > 视频调色 > 添加特效 > 添加转场 > 添加字幕 > 添加配乐

图 4－31 短视频剪辑流程

### 4.3.1 视频剪辑

拿到视频成片后，首先需要对成片素材进行预览和整理，理清各素材之间的逻辑关系，并对原始素材进行编号。然后将素材导入剪辑软件中，对素材进行粗剪。粗剪内容主要包括按照脚本或故事剧情对原始素材进行拼接，拼接完成后对素材中的废片进行剪辑并删除，然后在可以进行视频镜头组接的地方将原始素材剪断，然后对素材进行重新拼接，形成新的视频片段。

### 4.3.2 视频调色

视频粗剪完成后就得到了一个大致可以使用的视频，但是此时视频的细节还需要完善。例如，有些片段在前期拍摄时由于光线的问题，导致画面内容呈现过暗或曝光过度，此时就要通过剪辑软件中的调色功能对视频片段进行调色处理，从而使视频画面恢复到一个正常状态。

在实际剪辑操作时，对视频的调色主要包括调整视频画面的色阶、色调、曝光度、饱和度、明度、纯度等，目的是通过对视频画面色调的处理，更好地突出画面所要表达的意境。

### 4.3.3 添加特效

为视频添加特效能够增强视频的表现力，提升用户的观看感受。对视频添加特效其实是对视频画面中的素材添加相应动画效果的过程，添加动画效果时要符合客观事物逻辑，不要过度使用动画效果。

### 4.3.4 添加转场

转场是视频片段与片段之间过渡或转换，通过在视频片段之间设置转场，能够提升视频整体的艺术性，从而提升用户观看时的感受。

视频转场主要分为无技巧转场和技巧转场，无技巧转场主要是指利用视频自身镜头进行转场，包括两极镜头转场、同级别镜头转场等。使用无技巧转场时需要注意视觉的连续性，通过寻找不同镜头之间的合理转换因素来进行转场。技巧转场即利用剪辑软件自带的转场对视频片段之间的过渡效果进行设置，包括立方体旋转转场、百叶窗转场等。

### 4.3.5 添加字幕

给视频添加字幕能够帮助观众更好地理解视频内容。一般在视频剪辑完成后，可以通过相应的软件将拍摄视频时录制的音频转换成文字，如图 4 – 32 所示。

给视频添加字幕时，需要根据视频内容的主题选择合适的字体，设置合适的字号和颜色等，同时要注意字体版权问题，避免字体侵权。

### 4.3.6 添加配乐

给视频添加配乐能够更好地调动观众的情绪，增强视频情感的表达，从而让用户有一种身临其境的感觉。选取视频配乐时，需要根据视频的风格、场景以及所表达的情绪进行选取，同时需要注意配乐版权问题，避免造成侵权。

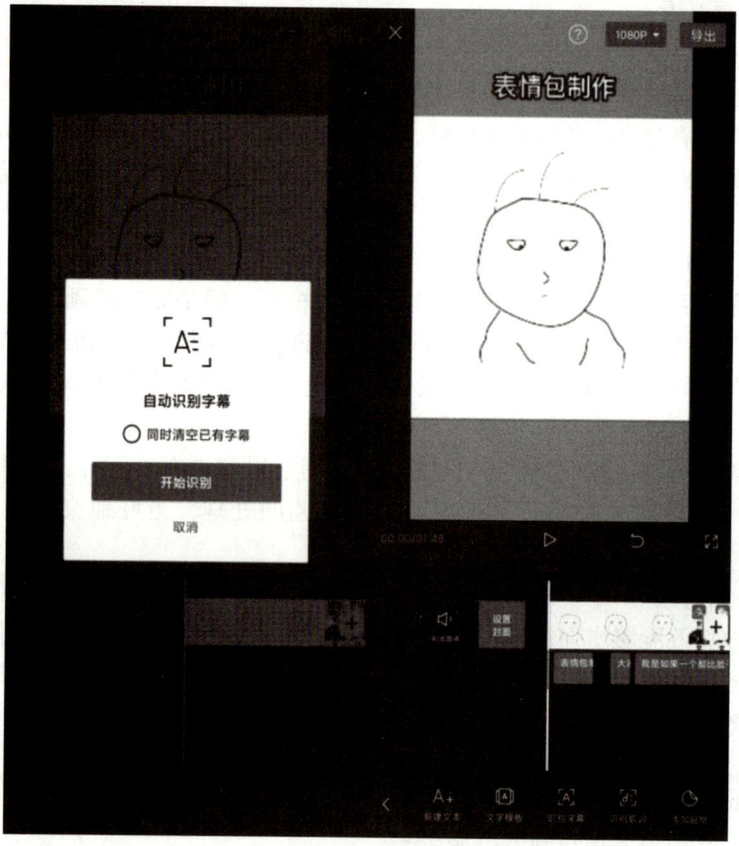


图 4－32 通过软件将音频转换成文字

**思政案例**

抖音号的运营者李某，为吸粉引流，谋取非法利益，未经权利人许可，对视听作品《三国》进行简单删减切条，制作了 280 余段《三国》短视频，在其运营的抖音 App 帐号中大量传播，严重侵犯权利人合法权益，破坏网络传播秩序。公安局依法对李某作出没收其违法所得 1.4 万余元、罚款 1.6 万元的行政处罚。同时，要求抖音平台加强用户上传内容的版权管理，履行网络服务企业主体责任，维护良好的网络版权市场秩序。

**温馨提醒**

根据我国《著作权法》第 49 条规定："侵犯著作权或者与著作权有关的权利的，侵权人应当按照权利人的实际损失给予赔偿；实际损失难以计算的，可以按照侵权人的违法所得给予赔偿。"

**职业思考**

侵犯著作权罪，是指以营利为目的，未经著作权人许可复制发行其文字、音像、计算机软件等作品，出版他人享有独占出版权的图书，未经制作者许可复制发行其制作的音像制品，制作、展览假冒他人署名的美术作品，违法所得数额较大或者有其他严重情节的行为。

短视频运营人员违法问题的发生，与个别短视频运营人员法律意识和版权意识淡薄、对法律毫无敬畏之心有关。无论是使用他人创作的视听作品，还是视频文件，都需要征得他人同意，获得他人授权。在使用没有明晰版权的视听作品或视频文件时，需要提前确定文件所有权的归属，避免后期产生法律纠纷。

## 实战演练

### 一、单项选择题

1. 下列哪项是手持云台的作用？（　　）

A. 提升画面清晰度　　B. 提升视频拍摄效率
C. 保持画面稳定性　　D. 提升用户观感

2. 下列哪个工具能够拍摄出画质较高的画面？（　　）

A. 智能手机　　B. 数码摄像机　　C. 单反相机　　D. 单片机

3. 在进行视频选题时，需要挖掘用户的（　　）。

A. 噪点　　B. 笑点　　C. 痒点　　D. 痛点

4. 下列哪项是短视频脚本的作用？（　　）

A. 确定视频内容拍摄主线　　B. 确定视频拍摄费用
C. 确定视频内容拍摄流程　　D. 确定视频内容拍摄效果

5. 下列哪项是摇镜头的作用？（　　）

A. 给人一种身临其境的感觉
B. 用来表现事物的逐渐呈现
C. 表现人物的眩晕感觉
D. 展现更多的视觉内容

### 二、多项选择题

1. 下列哪些是摄像补光灯的作用？（　　）

A. 对画面进行补光处理　　B. 对画面色温进行调节
C. 对画面质感进行处理　　D. 对画面效果进行处理

2. 在拍摄视频内容时，拍摄场景可以分为（　　）。

A. 专业场景　　B. 室内场景　　C. 户外场景　　D. 业余场景

3. 下列哪些是在拍摄视频时添加装饰物的作用？（　　）

A. 吸引用户目光　　B. 满足用户需求　　C. 突出拍摄主体　　D. 烘托氛围

4. 拍摄视频时，对于布光需要考虑（　　）。

A. 光线是否充足　B. 是否曝光过度　C. 光源摆放的位置　D. 光源的数量

5. 下列哪些是挑选短视频演员时需要考虑的因素？（　　）

A. 形象　B. 气质　C. 表演能力　D. 年龄

## 三、判断题

1. 在进行视频内容创作时，选题越宽泛越好。（　　）
2. 拍摄视频时，可以通过不同景别的运用来提升画面的表现力。（　　）
3. 中心构图法能够突出视频拍摄主体。（　　）
4. 对角线构图法能够展示景物的高大和深度。（　　）
5. 特写指人体肩部以上的景别。（　　）

## 四、问答题

1. 请写出 5 种拍摄短视频时需要用到的器材。
2. 请写出在挑选装饰物时需要注意的事项。
3. 请写出短视频拍摄的流程。

# 第 5 章
# 5 剪映基础入门

## 知识目标：

了解剪映操作界面

## 技能目标：

1. 熟悉素材导入及调整
2. 熟悉视频比例及背景设置
3. 掌握音频添加及调整
4. 掌握字幕及贴纸的添加
5. 掌握特效及滤镜的添加
6. 掌握转场和动画的添加
7. 掌握封面和视频的导出

## 德育目标：

1. 培养学生具有良好的创新思维和工作习惯
2. 培养学生热爱科学和实事求是的学风
3. 培养学生具有正确的劳动创造价值意识

## 情境引入

领导安排小王制作一条商品展示视频，小王不知该如何制作，便询问好友小李，小李告诉其可以使用剪映软件进行视频剪辑，剪映软件中提供了丰富的视频剪辑功能，如视频素材分割、视频变速、添加字幕、添加滤镜等。但当小王下载并安装好剪映软件，打开操作界面后，却不知道该如何进行操作，此时的小王该怎么办呢？

剪映软件是适合新手小白使用的剪辑软件，其和专业的剪辑软件相比，具有简单易用的特点。使用剪映软件能够快速完成视频内容的制作，使用其素材库中提供的转场、搞笑等片段素材，能够快速丰富视频的观看效果。其特有的智能字幕功能，能够自动识别音视频中的人声，将人声生成对应的字幕。使用其提供的贴纸功能，能够快速地在视频内容中添加动图或文字效果。使用特效功能，能够为视频添加丰富的特效效果，例如，闪闪发光、动感模糊等。同时还能使用内置的转场和滤镜来美化视频的效果，提升用户的观看体验。

目前剪映软件分为 PC 版和手机版，用户可以根据实际需求选择相应版本进行安装。在手机版剪映中，还提供了“一键成片”“图文成片”“创作脚本”“提词器”等功能，使用这些功能创作者能够快速地完成视频内容的创作或录制。除此之外，用户还可以通过手机版剪映中的“剪同款”功能，完成热门或常用视频内容的制作。如果需要学习剪映软件的基础操作，还可以通过手机版剪映中提供的“创作课堂”进行相关知识的学习。

## 5.1 认识剪映剪辑界面

剪映是由抖音官方推出的一款手机视频编辑工具，带有全面的剪辑功能，支持变速，有多样滤镜和美颜的效果，有丰富的曲库资源。自 2021 年 2 月起，剪映支持在手机移动端，Pad 端，Mac 电脑，Windows 电脑全终端使用。本节将以剪映手机移动端来讲解剪映剪辑界面。

剪映软件首页主要包括“剪辑”“剪同款”“创作学院”“消息”和“我的”五个板块，如图 5－1 所示。

图 5－1 剪映软件功能板块

不同的板块具有不同的功能及操作界面，其中剪辑板块主要功能为视频素材的导入和剪辑，剪同款板块为创作者提供了目前抖音上比较热门的视频创作模板，创作者可以使用模板，替换模板中的素材进行视频的创作。创作学院主要提供了剪辑软件以及视频创作的课程，在该板块能够学到抖音官方提供的视频剪辑课程，以及目前抖音平台最新的视频剪辑玩法。“消息”板块主要用来接收官方以及用户的信息，其中在“官方”板块中可以查看最新的剪辑玩法或相关剪辑课程，如图 5－2 所示。在“评论”板块中可以查看用户的评论，如图 5－3 所示。在“粉丝”板块中可以查看剪映帐号对应的粉丝，在“点赞”板块中可以查看被用户点赞的作品。

在“我的”版块中可以设置帐号资料以及查看喜欢的视频模板或课程，如图 5－4 所示。

点击右上角“编辑资料”按钮可以进入资料编辑界面，在界面中可以设置帐号的头像、昵称、剪映号、性别、个人简介等信息，如图 5－5 所示。

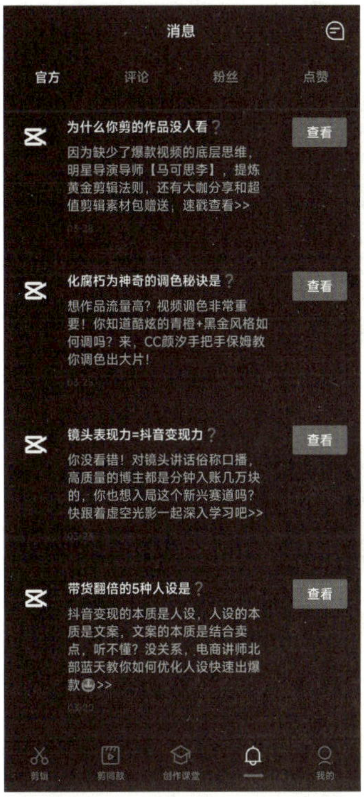


图 5－2　“官方”板块内容

图 5－3　“评论”板块内容

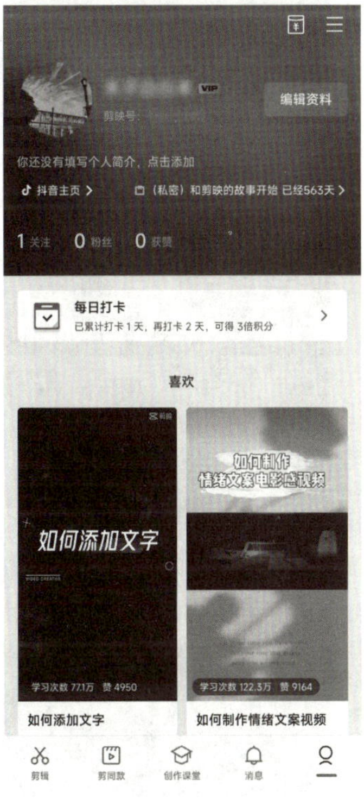


图 5－4　“我的”板块内容

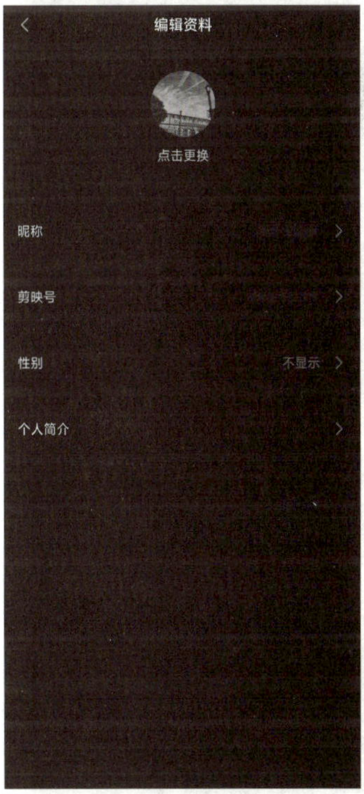


图 5－5　资料编辑界面

### 5.1.1 剪辑板块

剪辑板块操作界面主要分为素材导入和主要功能模块两个区域，如图5 -6 和图5 -7 所示。

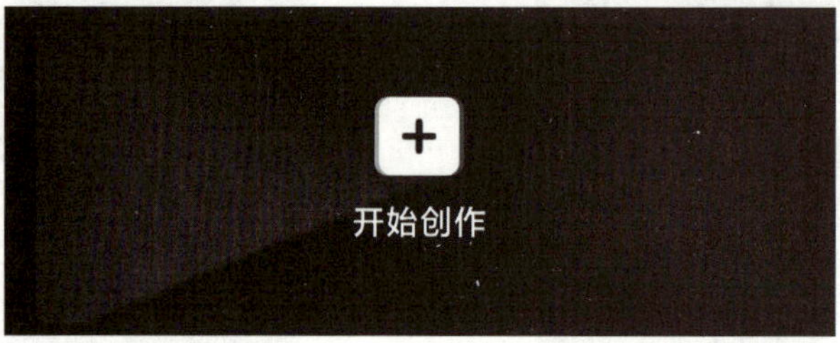


图5 -6 素材导入区域

图5 -7 主要功能模块

点击“开始创作”按钮，能够导入手机里的视频和照片，如图5 -8 所示。

除了能够导入视频和照片外，还能够点击“素材库”，导入官方提供的视频素材，如图5 -9 所示。

图5 -8 导入手机里的视频和照片素材

图5 -9 导入官方提供的素材

在官方提供的素材中，常用的素材为“黑白场”“故障动画”“转场片段”和“搞笑片段”等素材。

其中“黑白场”素材主要用来制作视频中纯文字的画面，如图 5－10 所示。

“故障动画”和“转场片段”在实际创作时都可以用于视频片段间的转场。“搞笑片段”主要在视频中需要烘托搞笑氛围的镜头后使用，以此来表达视频创作者需要表达的情绪。

点击顶部的“视频投稿活动”能够查看目前正在进行的活动，如图 5－11 所示。

图 5－10　黑白场素材应用案例

图 5－11　进行中的活动

点开每个活动，能够看到活动的活动时间、参与方式、活动奖励等信息，如图 5－12 所示。

点击“帮助”按钮，能够查询在使用剪映时遇到的相关问题，如图 5－13 所示。同时也可以在顶部搜索框中输入相关问题关键词进行搜索，如图 5－14 所示。

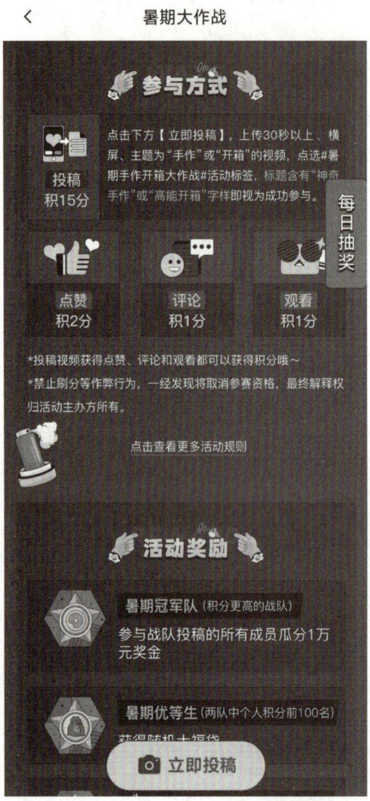


图 5－12　活动具体内容

图 5－13　帮助中心

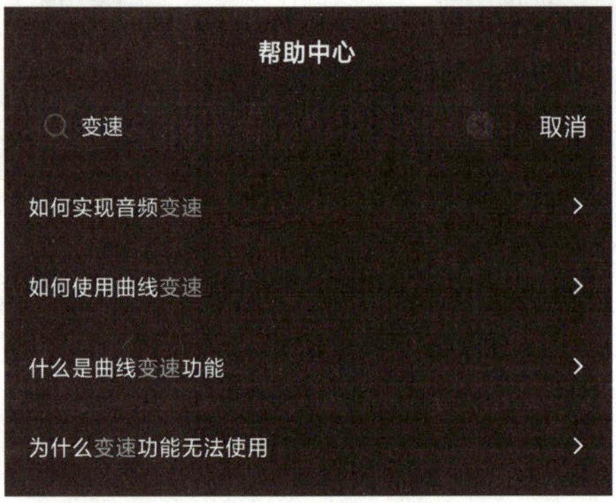


图 5－14　搜索相关问题

点击“设置”按钮，能够对自动添加片尾、使用权限等进行设置，如图 5－15 所示。

### 5.1.2　剪同款板块

剪同款板块操作界面主要分为当前活动、推荐专题和模板分类三个区域，如图 5－16 至图 5－18 所示。

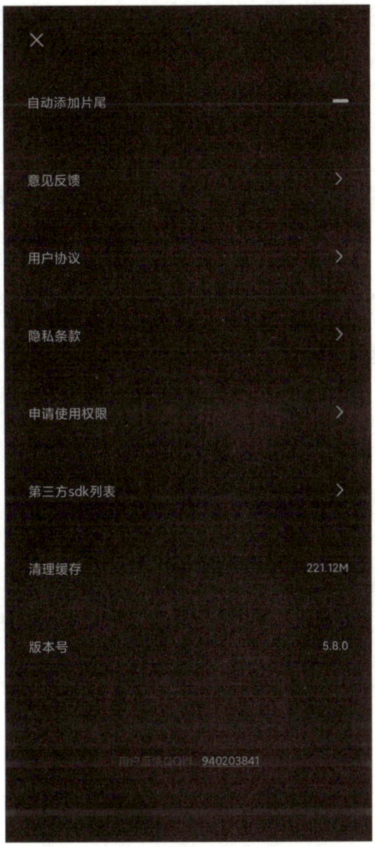


图 5－15　设置界面

图 5－16　当前活动

图 5－17　推荐专题

图 5－18　模板分类

如果在模板分类中没有找到适合的模板，也可以在顶部搜索框中输入相关关键词进行搜索，如图 5－19 所示。

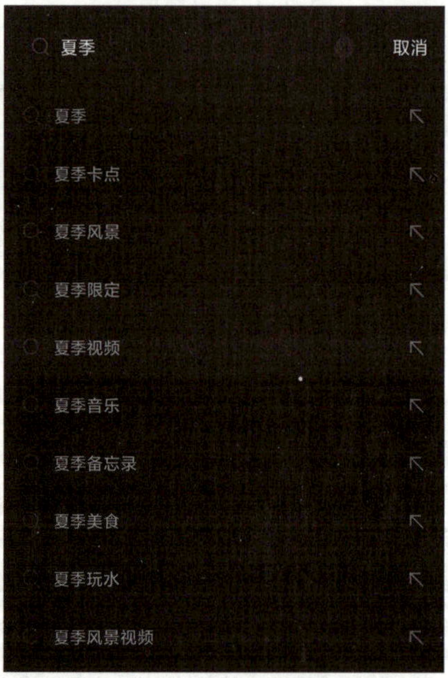


图 5－19　搜索模板

### 5.1.3　创作学院板块

创作学院板块操作界面主要分为主推课程、课程分类、官方推荐、精选好课等板块，如图 5－20 至图 5－23 所示。

图 5－20　主推课程

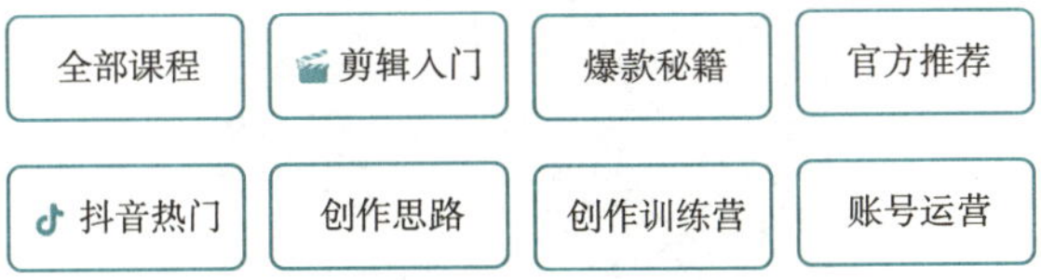


图 5－21　课程分类

图 5－22　官方推荐

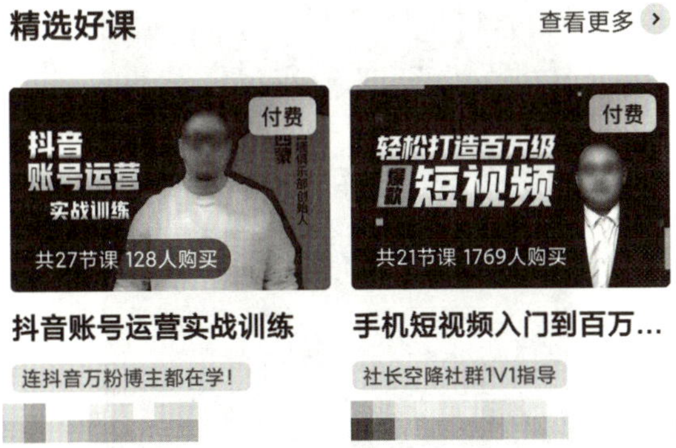


图 5－23　精选好课

在创作学院中能够学到不同阶段和不同领域的剪辑课程，同时部分课程还提供边看边剪功能，在学习课程的同时能够使用课程提供的素材，完成课程视频案例的剪辑。

### 5.1.4 消息板块

消息板块主要用于显示官方、评论、粉丝和点赞相关数据，如图 5－24 所示。

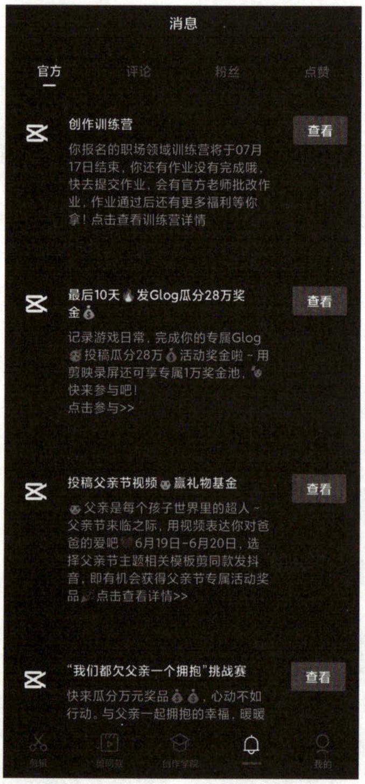


图 5－24 消息板块

### 5.1.5 我的板块

我的板块主要用于显示个人剪映主页，在个人主页中点击“编辑资料”按钮，能够设置头像、昵称、剪映号等内容，如图 5－25 所示。

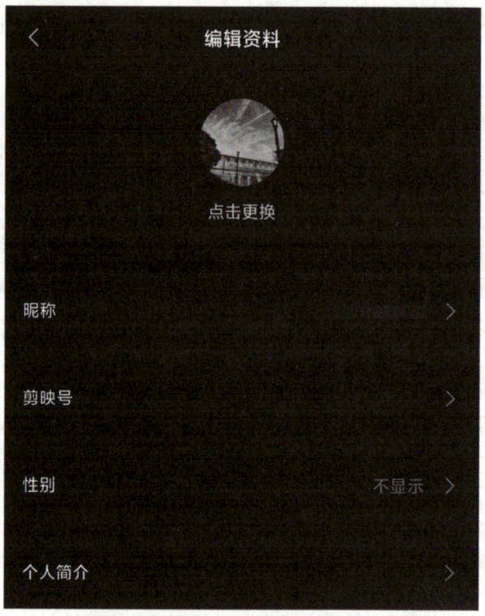


图 5－25 编辑资料界面

## 5.2　素材导入及调整

在剪辑视频时，首先需要将事先拍摄好的视频素材进行导入。导入视频素材有两种方式，一种是在剪辑前进行导入，点击“开始创作”按钮即可选择需要导入的素材。如果需要导入的某段素材时长过长，可以在导入时单击该素材，然后选择“裁剪”功能对视频时长进行裁剪，如图 5－26 所示。

另一种是在视频剪辑时导入视频素材，将视频轨道白色指针移至需要添加视频的位置，然后点击视频轨道右侧的“加号”按钮，如图 5－27 所示，选择需要添加的视频素材即可。

图 5－26　裁剪导入视频素材的时长

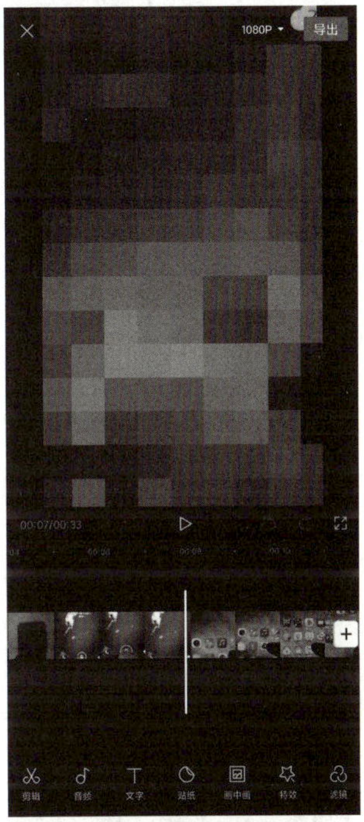


图 5－27　剪辑时添加视频素材

将素材添加到时间轴后，就可以对素材进行调整。在实际剪辑时，对素材的调整主要分为调整视频素材的时长、顺序、旋转及大小等，下面来具体进行讲解。

### 5.2.1　调整视频时长

在剪映中选中需要调整时长的视频片段，长按视频片段左侧或右侧白色滑块，即可调整视频的时长，如图 5－28 所示。

### 5.2.2　分割视频

选中需要分割的视频素材，将时间线移至需要分割的位置，点击“分割”按钮，即可对视频进行分割，如图 5－29 所示。

### 5.2.3　复制视频素材

选中需要复制的视频片段，点击“复制”按钮，即可对选中的视频素材片段进行复制，如图 5－30 所示。

### 5.2.4 调整视频素材顺序

长按某段视频素材，然后将其进行拖拽，即可调整选中视频素材在时间线上的顺序，如图 5－31 所示。

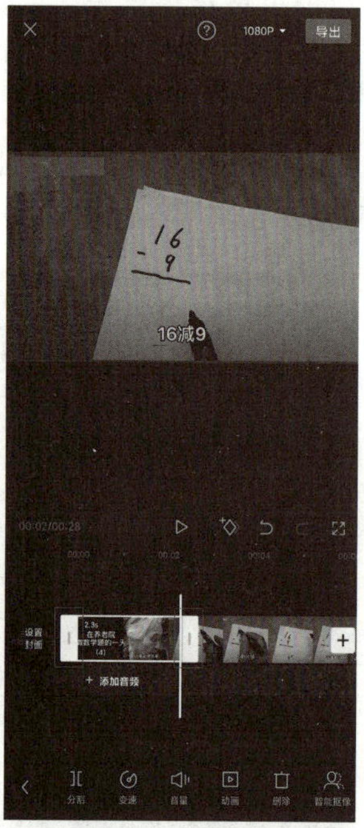


图 5－28 调整视频时长

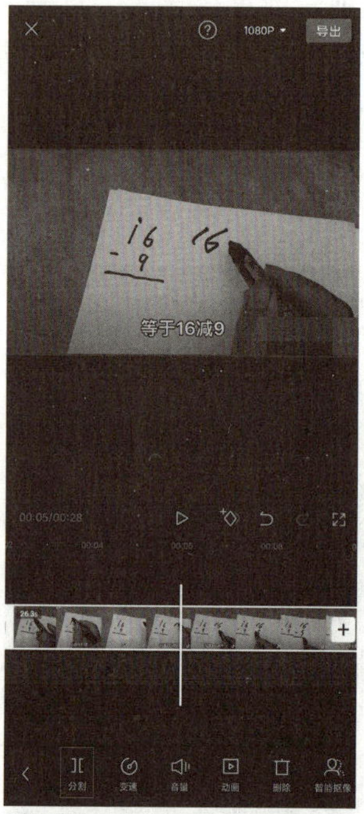


图 5－29 分割视频素材

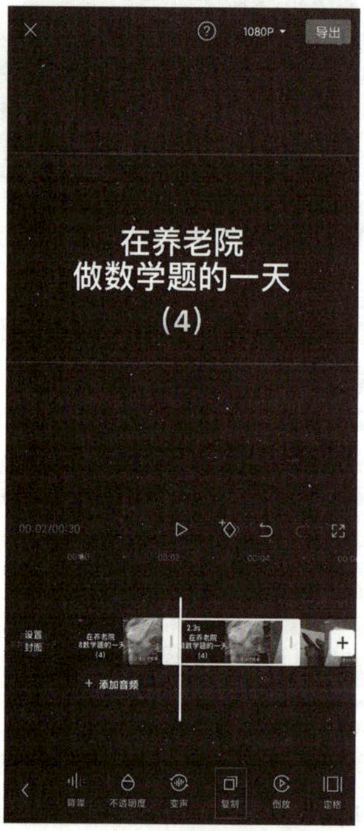


图 5－30 复制视频素材片段

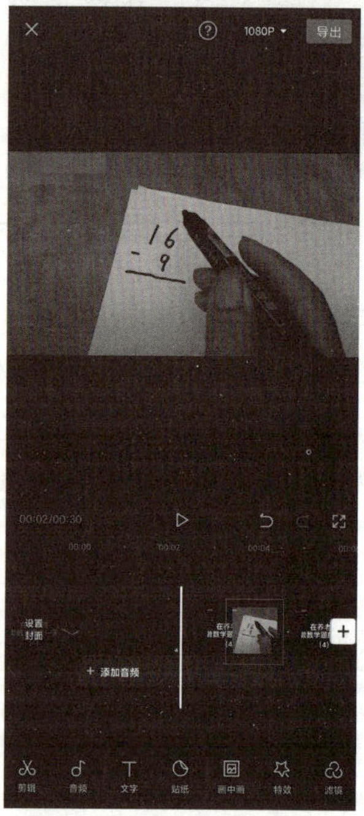


图 5－31 调整视频素材顺序

### 5.2.5　裁剪视频素材画面

选中需要裁剪的视频素材，然后点击下方“编辑”按钮，如图 5－32 所示。再点击“裁剪”按钮，即可对视频素材进行裁剪操作，如图 5－33 所示。

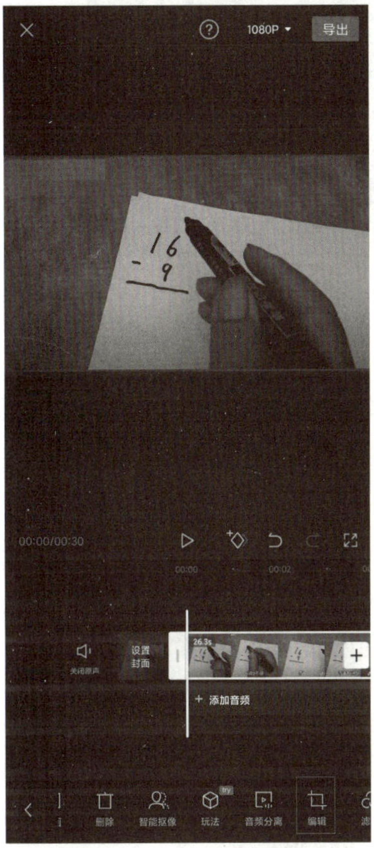


图 5－32　点击“编辑”按钮

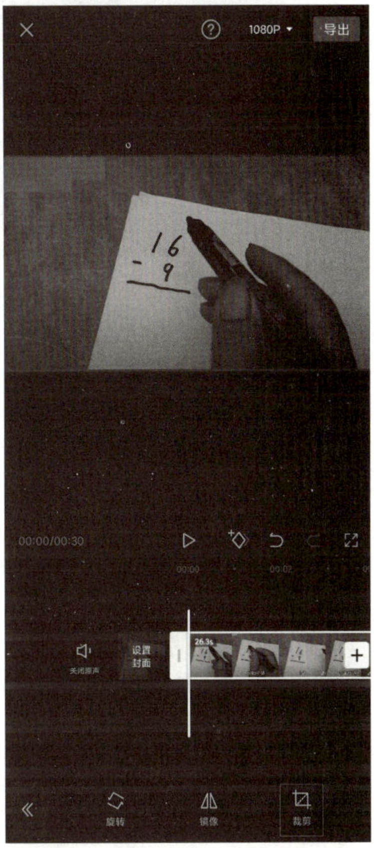


图 5－33　点击“裁剪”按钮

拖动下方角度数值，能够调整裁剪视频素材的角度，如图 5－34 所示，同时下方还有不同比例裁剪预设供用户选择，如图 5－35 所示。

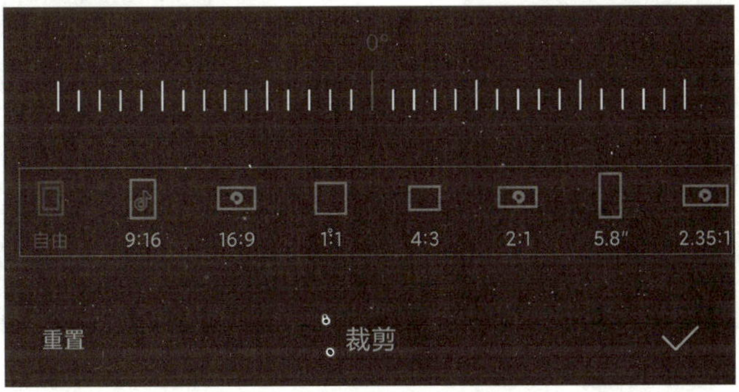


图 5－34　裁剪角度调整

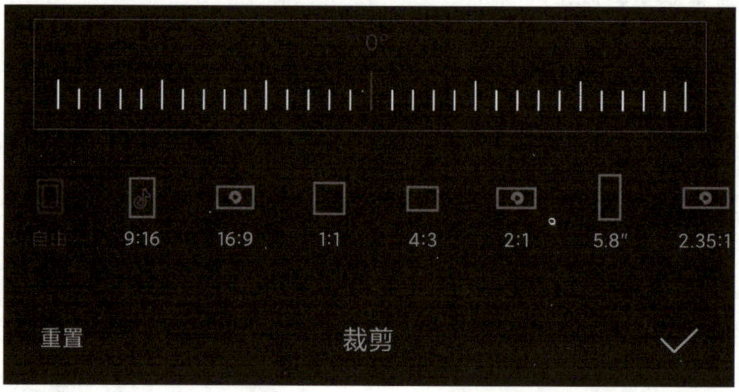


图 5－35　不同比例裁剪预设

### 5.2.6　视频素材镜像翻转

选中需要镜像翻转的视频素材，然后点击下方“编辑”按钮，如图 5－36 所示。再点击“镜像”按钮，即可对视频素材进行镜像翻转，如图 5－37 所示。

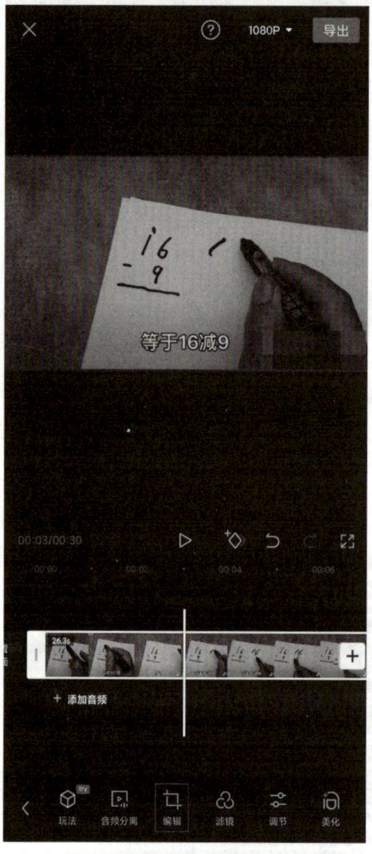


图 5－36　点击“编辑”按钮

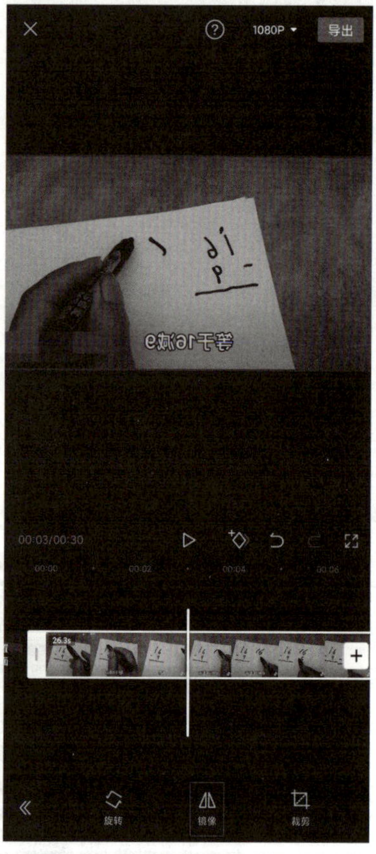


图 5－37　视频镜像翻转

### 5.2.7　调整视频素材大小

选中需要调整的视频素材，在视频预览区使用两指向外扩展，即可对视频进行放大操作。使用两指向内收缩，即可对视频进行缩小操作。两指按住视频不放，沿某一个方向旋转，可以对视频进行旋转操作。

### 5.2.8　移动视频素材

选中需要移动的视频素材，单指向任意方向对视频素材进行拖拽，即可对视频素材进行移动。

### 5.2.9　替换视频素材

选中需要替换的视频素材，点击“替换”按钮，即可选择素材对当前视频素材进行替换，如图 5－38 所示。

需要注意的是，替换的视频素材长度需大于被替换的视频素材长度，否则无法进行替换。

### 5.2.10　视频素材变速

选中需要变速的视频素材，点击下方“变速”按钮，即可对当前视频素材进行变速操作，如图 5－39 所示。

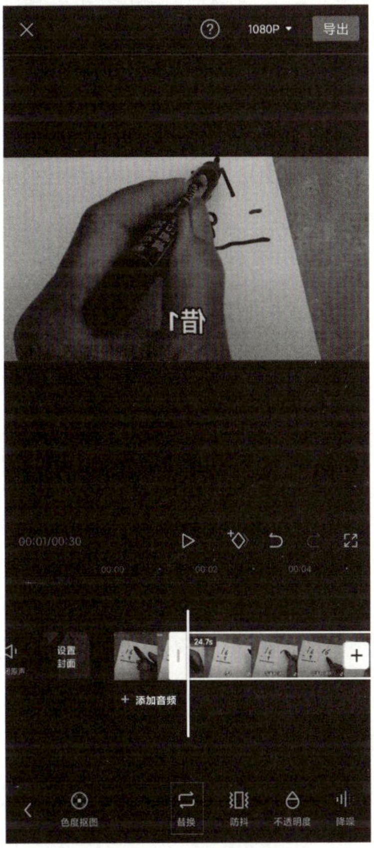


图 5－38　视频替换

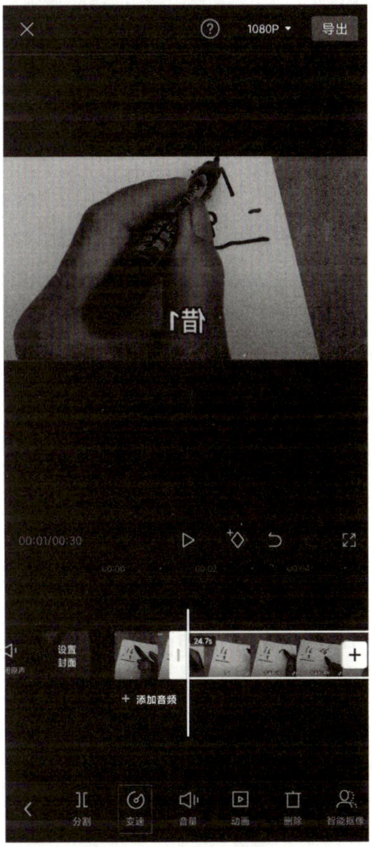


图 5－39　视频变速

视频变速分为“常规变速”和“曲线变速”两种方式，对于新手小白来说，一般建议选择常规变速。

常规变速即对整段视频素材进行变速，点击“常规变速”选项，在展开的界面中可以选择视频变速的倍速，如图 5－40 所示。

曲线变速即对视频素材实现自定义变速操作，点击“曲线变速”选项，在展开的界面中可以选择系统内置的曲线变速选项，也可以点击“自定”按钮来对视频素材进行自定义变速设置，如图 5－41 所示。

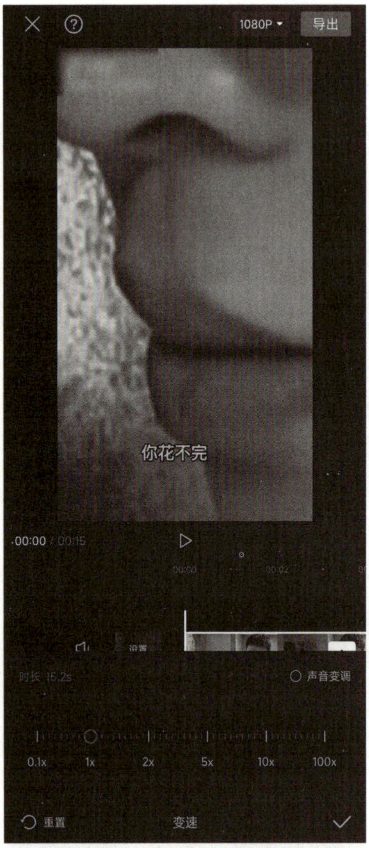


**图 5－40 常规变速编辑界面**

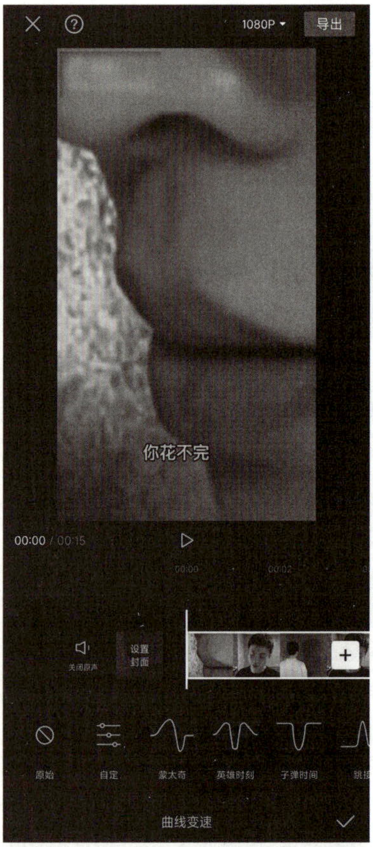


**图 5－41 曲线变速编辑界面**

### 5.2.11 视频素材防抖

选中需要防抖处理的视频素材，点击“防抖”按钮，即可对视频素材进行防抖设置，如图 5－42 所示。

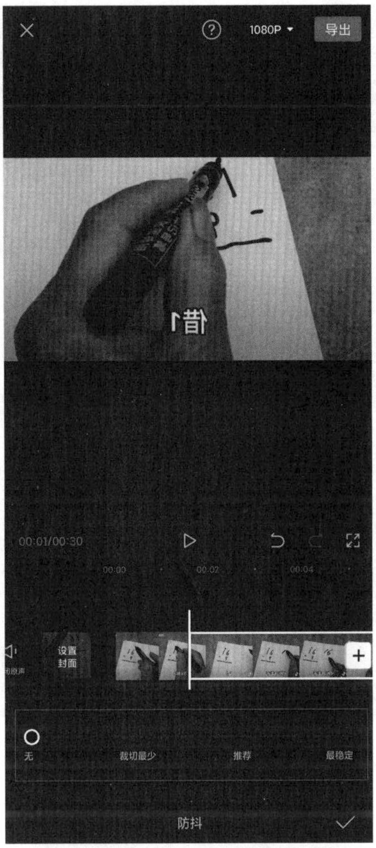


图 5－42　对视频进行防抖设置

视频防抖功能主要用于手持手机拍摄时，产生画面抖动时使用。

## 5.3　比例及背景设置

### 5.3.1　比例设置

在进行视频剪辑创作时，有时需要对视频比例进行调整和设置。剪映内置了多种视频比例供创作者进行调整，下面来讲解调整视频比例的具体操作步骤。

点击“比例”按钮，就能看到剪映内置的视频比例，包括“原始”“9∶16”“16∶9”等比例，如图 5－43 所示。

点击带有抖音标志的 9∶16 比例，可以将视频设置成适合于手机观看的视频比例，如图 5－44 所示。

点击带有西瓜视频的 16∶9 比例，可以将视频设置成适合于电脑观看的视频比例，如图 5－45 所示。

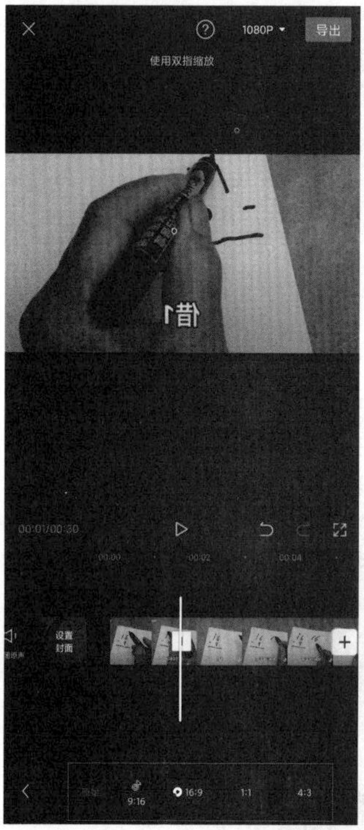


图 5－43　可调整的视频比例

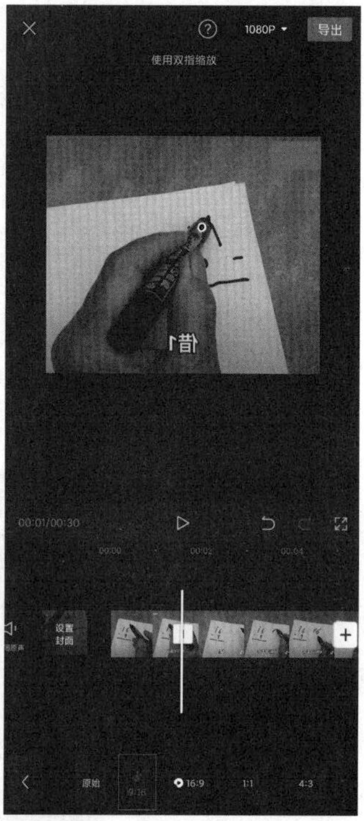


图 5－44　设置视频比例为 9∶16

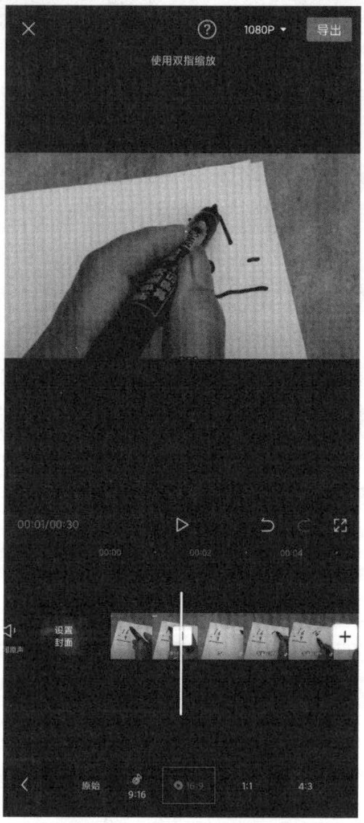


图 5－45　设置视频比例为 16∶9

将视频比例修改为竖屏 9∶16 后，视频背景上下会产生黑边，此时可以将视频内容放大来消除黑边，但是这种方式会丢失掉部分视频内容。也可以通过设置视频背景的方式来消除黑边。下面来讲解给视频设置背景的三种方式。

### 5.3.2　背景设置

1. 通过画布颜色设置背景

点击“画布颜色”按钮，即可看到可供选择的颜色，点击任意颜色即可将背景替换成相应的颜色，如图 5－46 所示。

2. 通过画布样式设置背景

点击“画布样式”按钮，即可看到可供选择的画布样式，点击任意画布样式即可将背景替换成相应的样式，如图 5－47 所示。

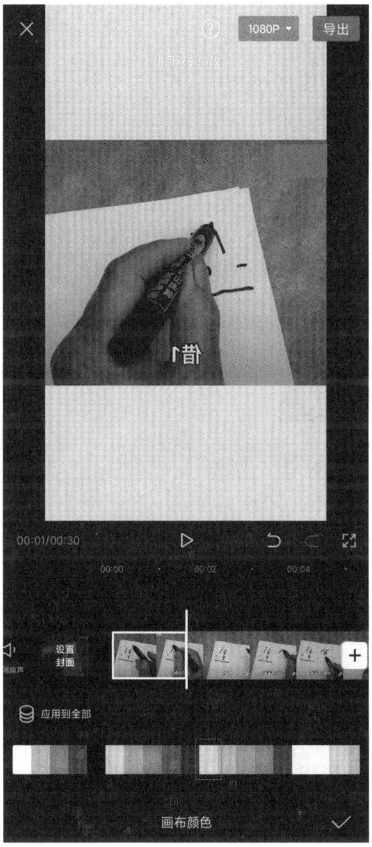


图 5－46　替换背景颜色

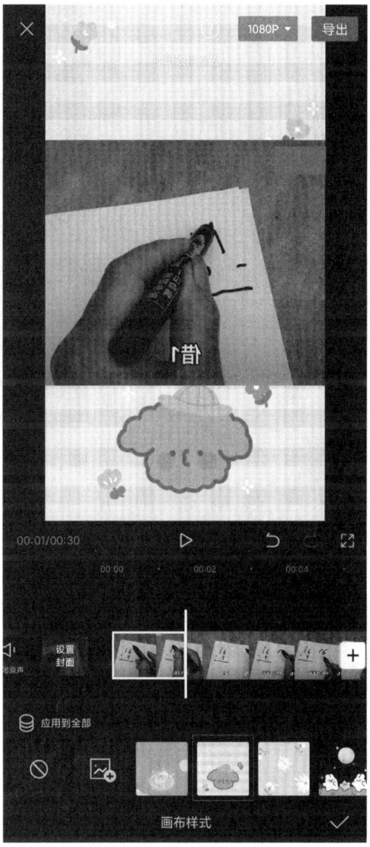


图 5－47　选择画布样式

除了可以使用软件提供的画布样式外，还可以上传自己喜欢的图片作为背景样式。

3. 通过画布模糊设置背景

点击“画布模糊”按钮，即可对视频背景进行模糊设置，如图 5－48 所示。

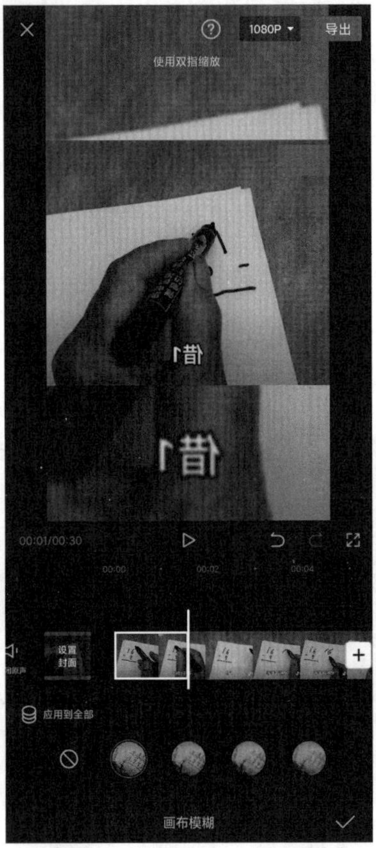


图 5－48 对视频背景进行模糊设置

## 5.4 音频添加及调整

在视频剪辑时，给视频添加背景音乐及音效能让视频传达的效果更佳。剪映为视频创作者提供了丰富的背景音乐库和音效素材，在视频创作时，可以根据实际的需求进行选取。

### 5.4.1 音乐添加

在剪映中为视频添加音乐主要有 4 种方式，即“音乐”“提取音乐”“抖音收藏”和“导入音乐”。

1. 通过“音乐”的方式添加

在视频编辑界面，点击“添加音频”，然后点击“音乐”按钮，如图 5－49 所示，即可给视频添加背景音乐。

在弹出的界面中，可以从相应的分类中选择合适的音乐，也可以从推荐音乐列表中选择合适的音乐，同时也可以通过搜索的方式，寻找合适的背景音乐。

2. 通过“提取音乐”的方式添加

在添加音频界面，点击“提取音乐”按钮，然后选择包含有想要使用音乐的视频文件，点击“仅导入视频的声音”，即可完成音乐的提取，如图 5－50 所示。

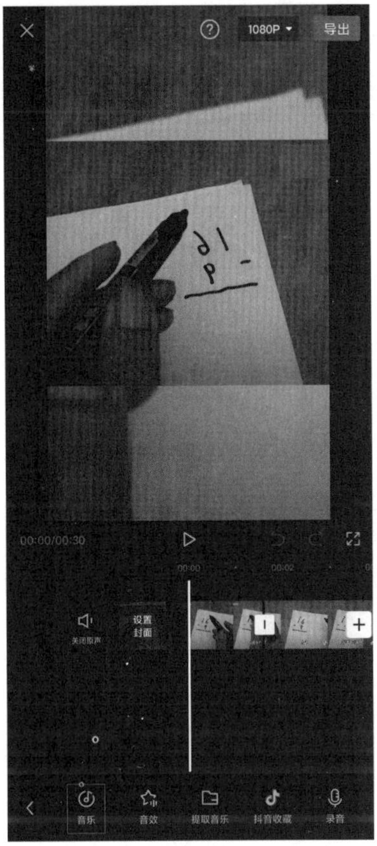


图 5 – 49 通过“音乐”的方式添加

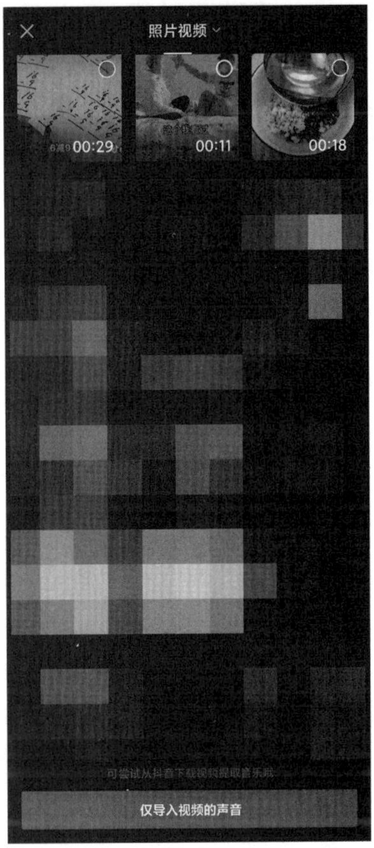


图 5 – 50 提取视频中的音乐

3. 通过“抖音收藏”的方式添加

如果之前在抖音 App 中收藏过喜欢的音乐，则在添加音频界面点击“抖音收藏”按钮，选择“抖音收藏”选项，即可看到之前收藏的音乐，如图 5 – 51 所示。点击“使用”即可将收藏的音乐添加到视频中。

使用这种方式需要注意的是，登录剪映的帐号需要和登录抖音的帐号是同一个帐号，否则无法找到收藏的音乐。

4. 通过“导入音乐”的方式添加

在添加音乐界面点击“导入音乐”即可在视频创作时导入需要添加的音乐，导入音乐分为三种方式，分别为“链接下载”“提取音乐”“本地音乐”，如图 5 – 52 所示。

以“链接下载”为例，在输入框中粘贴抖音或其他平台分享来的视频或音乐链接，即可下载链接中对应的音乐，点击后方的“使用”按钮即可在创作的视频内容中使用该音乐。

图 5－51　添加抖音收藏的音乐

图 5－52　导入音乐界面

### 5.4.2　音乐裁剪

将音乐导入编辑界面后，可以使用分割功能对音乐文件进行裁剪，或通过长按音乐文件两端的白色滑块来调整音乐文件的时长。

### 5.4.3　音效添加

给视频添加音效能够使视频画面更加生动或形象，在添加音频界面点击“音效”按钮，即可选择需要添加的音效素材，如图 5－53 所示。

### 5.4.4　人声添加

在剪辑视频时，有时需要给视频添加人声解说。剪映提供了两种方式来添加人声，第一种是在添加音频界面，点击“录音”按钮，如图 5－54 所示，录制需要添加的人声即可。

第二种则是通过文字转语音的方式来添加人声，在菜单栏中点击“文字”按钮，点击“新建文本”按钮，输入需要转换成人声的内容，然后点击“文本朗读”按钮，选择合适的人声即可，如图 5－55 所示。

图 5－53　添加音效素材

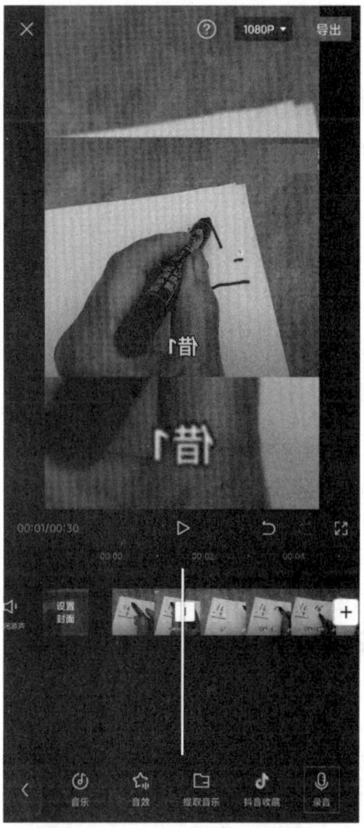


图 5－54　通过录音的方式添加人声

图 5－55　通过文字转语音的方式添加人声

## 5.5 添加字幕和贴纸

给视频添加字幕和贴纸，能够使视频的内容更加生动和形象地展现到用户面前。剪映中内置了大量的字体样式和贴纸，剪辑时可根据需求进行选择。下面来讲解如何给视频添加字幕和贴纸。

### 5.5.1 添加字幕

点击“文字”按钮，然后点击“新建文本”按钮，即可给视频添加字幕。字幕添加完成后，既可以通过单指移动字幕在视频中的位置，也可以通过双指来调整字幕的大小和角度。如果需要修改字幕内容，可以在时间轴上双击需要修改的字幕素材即可。

### 5.5.2 设置字幕样式

选中需要设置样式的字幕素材，然后点击“样式”按钮，即可设置字幕的样式。剪映中支持设置字幕的字体、填充与描边、颜色、透明度等样式，如图 5－56 所示。

### 5.5.3 设置花字

如果字幕样式中没有喜欢的样式，还可以给字幕设置花字。选中需要设置花字的字幕，然后点击“花字”按钮，即可对字幕设置花字效果，如图 5－57 所示。

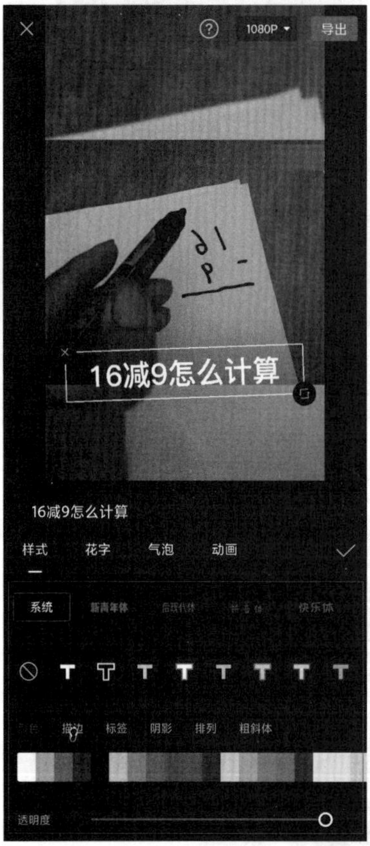


图 5－56 设置字幕样式

图 5－57 给字幕设置花字效果

### 5.5.4　设置气泡

除了能给字幕设置样式和花字外，还可以给字幕设置气泡。选中需要设置气泡的文字素材，点击“气泡”按钮，即可对字幕素材设置气泡，如图 5－58 所示。

### 5.5.5　设置文字模板

如果需要视频中的文字带有动画效果，可以点击“文字模板”按钮，在弹出的模板中选择一款合适的效果即可，如图 5－59 所示。

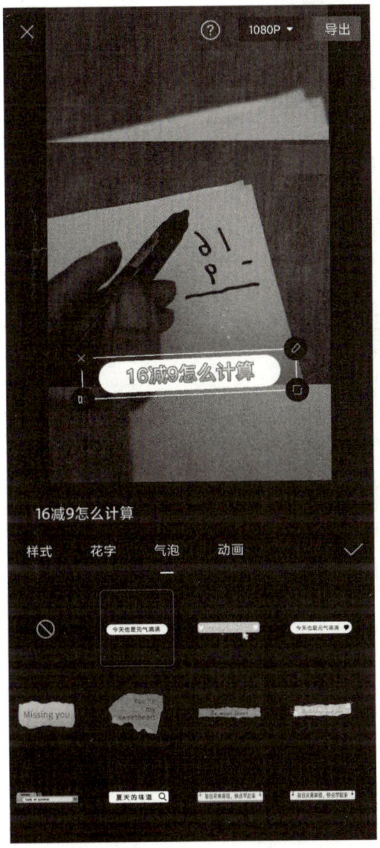


图 5－58　给字幕设置气泡

图 5－59　设置文字模板

### 5.5.6　添加贴纸

贴纸能够使视频内容表现得更加生动和具体，点击“文字”按钮，然后点击“添加贴纸”按钮，即可在视频内容中添加贴纸。剪映内置了多种不同分类的贴纸，如图 5－60 所示，在剪辑创作时，可以根据实际需求进行选择。

图 5－60　设置贴纸

## 5.6　添加特效和滤镜

给视频添加特效和滤镜，能够使视频画面更加的炫酷和绚丽。剪映中内置了大量的特效和滤镜，剪辑时可根据需求进行选择。下面来讲解如何给视频添加特效和滤镜。

### 5.6.1　添加特效

点击“特效”按钮，然后点击“画面特效”按钮，即可给视频添加特效。剪映按照不同的效果和使用场景给特效进行了分类，如图 5－61 所示。实际剪辑时可以根据视频本身想要达到的效果来选择不同的特效，同时也可以将常用和喜欢的特效添加到收藏，便于下次的使用。

### 5.6.2　添加滤镜

选中需要添加滤镜的视频素材，然后点击“滤镜”按钮，即可给视频素材添加滤镜效果。剪映按照不同的风格和使用场景对滤镜效果进行了分类，如图 5－62 所示。实际剪辑时可以根据视频本身想要达到的效果来选择不同的滤镜，同时可以拖动上方滑块来调整滤镜效果在视频中作用的程度。

图 5 – 61　给画面添加特效

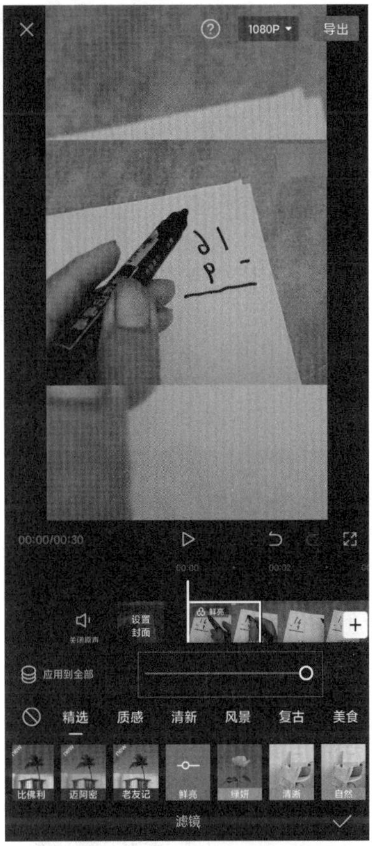


图 5 – 62　给视频添加滤镜

## 5.7　添加转场和动画

为视频添加转场和动画能够使视频效果更加炫酷，从而提升用户的观感。剪映内置了大量的转场和动画效果，剪辑时可以根据需求进行选择。下面来讲解如何给视频添加转场和动画。

### 5.7.1　添加转场

点击视频轨道中两段视频片段之间的白色小方块，如图 5 – 63 所示，即可给视频添加转场。

剪映按照转场效果的用途对转场效果进行了分类，如图 5 – 64 所示，并且通过动态效果来展示转场添加后的效果。选中某个转场效果后，还可以拖动下方的滑块来设置转场的时长，如图 5 – 65 所示，向左拖动滑块减少转场效果的时长，向右拖动滑块增加转场效果的时长。

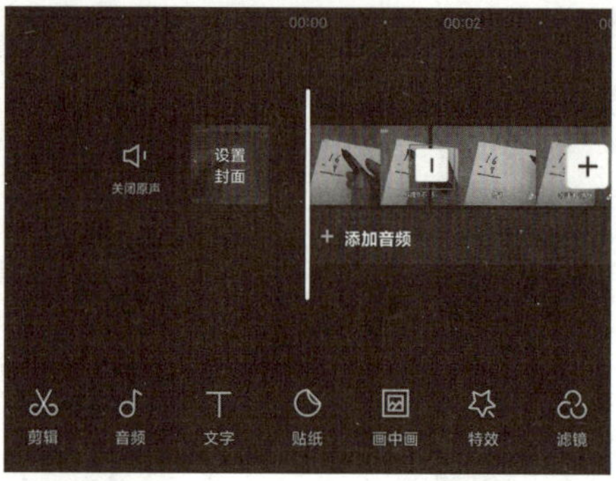


图 5－63　给视频添加转场

图 5－64　剪映转场分类

图 5－65　设置转场时长

### 5.7.2　添加动画

剪映中能够给视频、文字和贴纸添加动画效果。选中需要添加动画的视频片段，然后点击“动画”按钮，如图 5－66 所示，即可给视频片段添加动画。添加的视频动画分为“入场动画”“出场动画”“组合动画”，选中某个动画效果后，可以拖动上方的滑块来设置动画的时长，如图 5－67 所示。

图 5-66　给视频添加动画

图 5-67　设置动画时长

## 5.8　封面和视频导出

视频制作完成后就需要制作视频的封面以及将视频导出，下面来讲解如何在剪映中设置视频的封面以及如何导出视频。

### 5.8.1　设置视频封面

在剪映中有 3 种方式设置视频封面，即“将视频中某一帧画面设置为封面”“从手机相册中选择图片作为封面”“使用封面模板设置封面”。这里以使用封面模板设置封面为例，首先点击“设置封面”按钮，如图 5-68 所示。

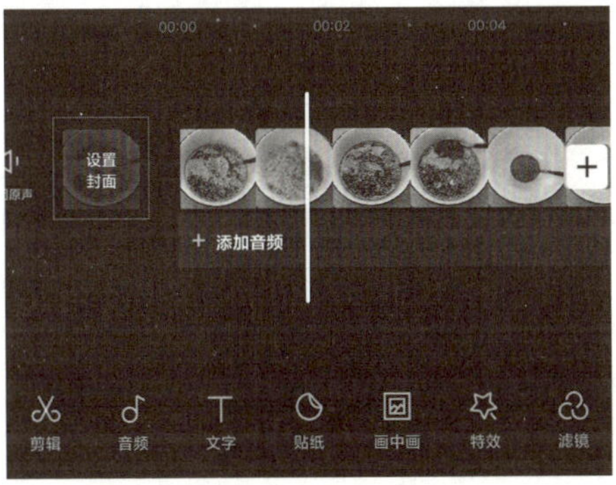


图 5-68　点击“设置封面”按钮

然后通过左右滑动视频帧来选取合适的帧作为视频的封面，确定视频帧后点击“封面模板”按钮，即可将选中的模板效果应用到选定的帧画面中，如图 5－69 所示。

图 5－69　使用封面模板设置视频封面

如果对设置的视频封面不满意，还可以点击右上角的“重置”按钮对视频封面进行重置。

**知识链接**

分辨率是用于度量图像内数据量多少的一个参数，通常表示成 Ppi。例如，视频尺寸为 1920px×1080px，则表示视频在横向包含 1920 个像素，在纵向包含 1080 个像素。视频分辨率越高，视频内容越清晰，同时视频文件也越大。在导出时，需要根据视频的用途以及存储空间的大小，来选择适合的分辨率。

帧率是以帧称为单位的位图图像连续出现在显示器上的频率。例如，帧率为 30，则表示视频每秒钟在显示器上连续出现 30 个位图图像。视频帧率越高，视频播放也越流畅。一般常用的视频帧率为 30。

### 5.8.2　导出视频

视频制作完成后，点击右上角的“导出”按钮即可将视频导出。导出前需要根据视频播放的场景和需求来设置视频导出的分辨率和帧率，剪映默认视频分辨率和帧率为 1080p 和

30 帧，如图 5 – 70 所示。

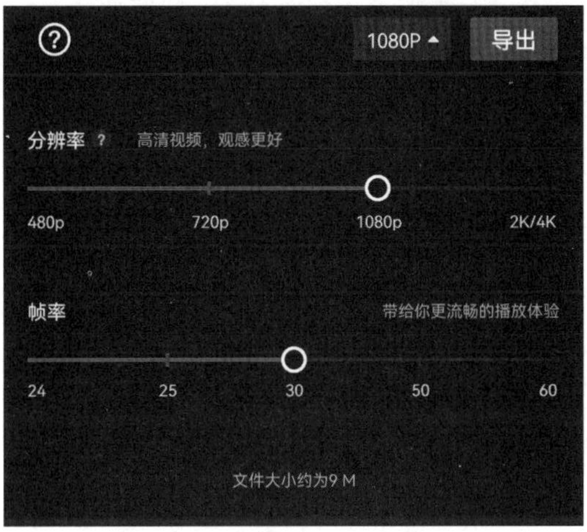


**图 5 – 70　剪映默认视频分辨率和帧率**

# 实战演练

## 一、单项选择题

1. 剪映是由（　　）官方推出的一款手机视频编辑工具。

A. 抖音　　B. 快手　　C. 小红书　　D. 微视

2. 在下列哪个板块中可以学习视频创作的课程？（　　）

A. 剪辑　　B. 创作学院　　C. 剪同款　　D. 剪辑学院

3. 通过下列哪个入口可以导入官方提供的视频素材？（　　）

A. 样片库　　B. 资源库　　C. 视频库　　D. 素材库

4. 在下列哪个板块中可以查询使用剪映时遇到的相关问题？（　　）

A. 问题　　B. 帮助　　C. 查询　　D. 设置

5. 在下列哪个板块中可以设置自动添加片尾？（　　）

A. 设置　　B. 帮助　　C. 片尾　　D. 操作

## 二、多项选择题

1. 下列哪些是剪映支持的功能？（　　）

A. 视频剪辑　　B. 视频变速

C. 给视频添加配乐　　D. 给视频添加滤镜

2. 下列哪些是剪映软件支持的终端？（　　）

A. 手机移动端　　B. Pad 端　　C. Mac 电脑　　D. Windows 电脑

3. 官方提供的素材中包含下列哪些素材？（　　）

A. 黑白场　　B. 故障动画　　C. 转场片段　　D. 搞笑片段

4. 下列哪项是剪映中支持的视频变速方式？（　　）

A. 常规变速　　B. 自动变速　　C. 均匀变速　　D. 曲线变速

5. 下列哪些是剪映中内置的视频比例？（　　）

A. 原始　　B. 9∶16　　C. 1∶1　　D. 16∶9

## 三、判断题

1. 在消息板块中可以查看评论、粉丝数和点赞数等相关数据。（　　）
2. 在我的板块中可以设置头像、昵称、剪映号等内容。（　　）
3. 使用分割功能能够将视频素材分为多段。（　　）
4. 长按视频片段两侧白色滑块能够对视频时长进行调整。（　　）
5. 长按视频素材进行拖拽，可以调整视频素材在时间线上的顺序。（　　）

## 四、问答题

1. 请写出在剪映中添加音乐的方式。
2. 请写出在剪映中设置视频背景的方式。
3. 请写出剪映中支持的动画类型和添加动画的步骤。

# 第 6 章 剪映进阶功能

## 知识目标：

1. 熟悉画中画的工作原理
2. 熟悉色度抠图的工作原理
3. 熟悉智能抠像的工作原理
4. 熟悉曲线变速的工作原理
5. 熟悉蒙版的工作原理
6. 熟悉关键帧的工作原理

## 技能目标：

1. 掌握画中画的使用方法
2. 掌握色度抠图的使用方法
3. 掌握智能抠像的使用方法
4. 掌握曲线变速的使用方法
5. 掌握蒙版的使用方法
6. 掌握关键帧的使用方法

## 德育目标：

1. 培养学生具有较强的创新意识
2. 培养学生实事求是的工作态度和工作作风
3. 培养学生爱国情感和高度责任感

## 情境引入

学会剪映基础操作的小王，在剪辑视频时又遇到了新的问题。例如，如何对视频素材进行变速处理、为视频中的元素制作动画效果等。小王再次找到好友小李，询问在剪映中能否实现相应效果，小李为小王进行了相应的操作和演示，并告知小王这些功能属于剪映中的进阶功能，需要不断练习才能熟练掌握。

使用剪映软件除了能够完成视频内容的基础剪辑操作外，还能够通过关键帧、蒙版等功能制作出更加炫酷和多样的视觉效果，例如，瞳孔转场、马赛克跟踪等。

常用的剪映进阶功能包括画中画、色度抠图、曲线变速、蒙版、关键帧。

其中，使用画中画功能可以在手机端剪辑时，在视频轨道中添加多段视频素材，并调整视频素材的前后顺序。使用色度抠图功能可以快速完成视频素材中图像的抠取。如果需要对视频素材中不同的部分进行不同的变速处理，可以使用曲线变速功能中内置的变速效果或者自定义变速功能。使用蒙版可以对视频素材进行遮挡处理，通过调整蒙版显示的区域来控制素材显示的内容。使用关键帧可以对视频素材或音频素材制作相应的效果，例如，制作鸟儿飞过天空、背景音乐由大变小的效果等。

## 6.1 画中画功能详解

画中画功能是在实际剪辑操作时，经常使用的一个功能。利用该功能可以在同一视频文件中添加多段视频素材，制作出类似新闻播报、知识讲解等效果。

### 6.1.1 什么是画中画

画中画是一种视频内容呈现的方式，是指在一部视频全屏播出的同时，于画面的小面积区域上同时播出另一部视频，其呈现效果如图6－1所示。

该功能主要应用于模拟电视中的画中画、电脑显示器上的应用。画中画视频的来源可以是不同的电视频道、视频放像机、监控摄像头等。

### 6.1.2 画中画显示原理

在视频文件中添加画中画，有点类似于在Photoshop中创建图层。通过画中画功能添加的视频素材会覆盖在原有的视频素材上，通过调整视频素材的层级关系，能够调整多段视频素材显示的顺序，同时还能通过双指缩放来调整画中画视频素材的大小。

### 6.1.3 画中画功能基本操作

（1）画中画的操作其实非常简单，在剪映中点击“开始创作”按钮，导入第一段视频素材，如图6－2所示。

（2）添加完第一段视频素材后，点击下方工具栏中的“画中画”按钮，在打开的界面中点击“新增画中画”按钮，即可选择需要添加的画中画素材，如图6－3所示。

（3）添加完成后即可在预览窗口中查看添加后的效果，如图6－4所示。如果对画中画素材位置不满意，可以通过长按画中画素材来移动其位置。在选中画中画素材的情况下，还可以通过下方的工具栏对素材进行分割、变速等操作。

图 6－1　画中画显示效果

图 6－2　导入第一段视频素材

图 6－3　点击“新增画中画”按钮添加画中画素材

图 6－4　画中画素材添加完成后的效果

### 6.1.4 画中画案例实操

(1) 本节将详细讲解如何利用画中画功能制作一个简单的 Vlog 片头。首先打开剪映，点击“开始创作”按钮导入第一段素材，然后将指针移动至 8 秒处，选中视频，点击工具栏中的“分割”按钮对视频素材进行分割，然后选中后半段视频，将后半段视频删除，操作完成后的效果如图 6－5 所示。

画中画案例实操——Vlog 片头

(2) 在视频轨道中选中素材，使用双指调整视频素材大小，并对视频素材进行适当角度的旋转。操作完成后，效果如图 6－6 所示。

图 6－5 将视频时长调整至 8 秒

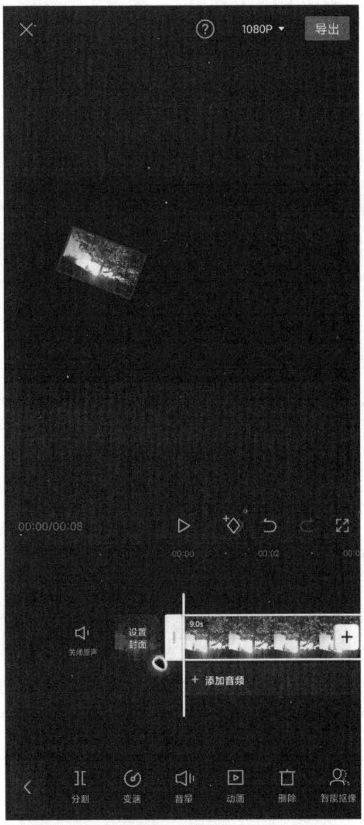


图 6－6 对视频素材 1 进行调整

(3) 返回一级工具栏，点击“画中画”→“新增画中画”按钮，添加第二段视频素材，并对视频素材进行同样的操作，操作完成后，效果如图 6－7 所示。

(4) 使用同样的方式添加第三段视频素材，并对视频素材进行同样的操作，操作完成后，效果如图 6－8 所示。

(5) 返回一级工具栏，点击“背景”→“画布样式”按钮，选择合适的画布样式进行添加，添加后的效果如图 6－9 所示。

(6) 给三段视频素材添加不同的特效，点击“特效”→“画面特效”按钮，选择边框中的特效即可。添加特效时，需将特效时长设置为和视频时长一样长，添加特效后的效果如图 6－10 所示。

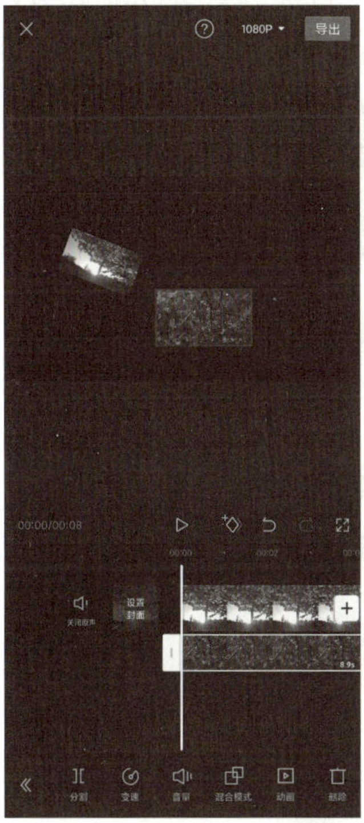


图 6－7　对视频素材 2 进行调整

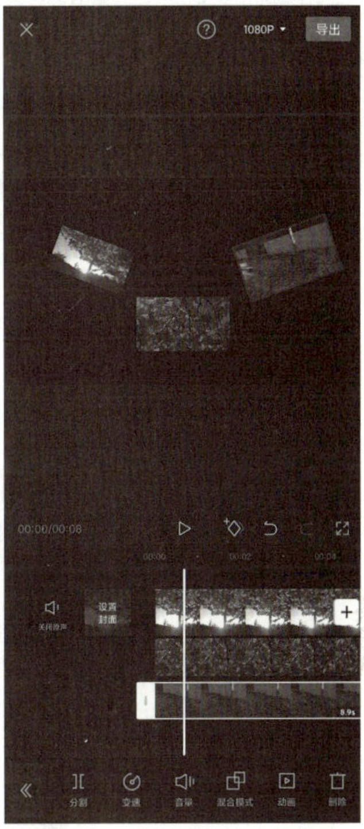


图 6－8　对视频素材 3 进行调整

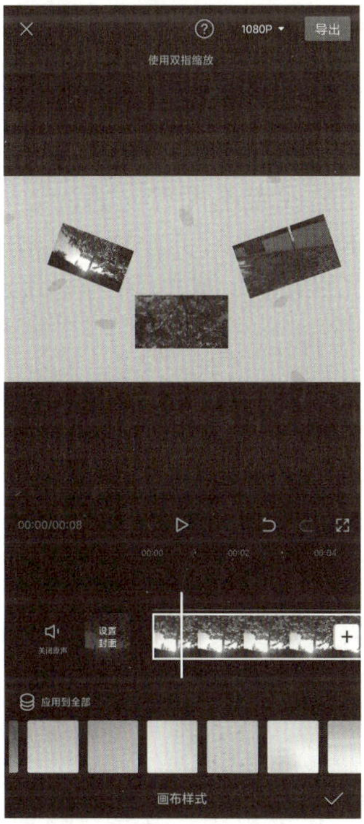


图 6－9　添加画布样式

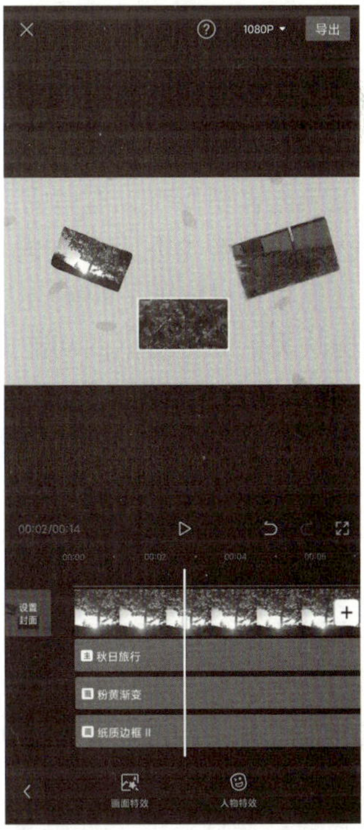


图 6－10　添加特效

（7）给视频添加字幕、贴纸和背景音乐，调整字幕、贴纸和背景音乐时长为8秒，效果如图6－11所示，一个简单的Vlog片头就制作完成了。对最终效果预览确认无误后，导出即可。

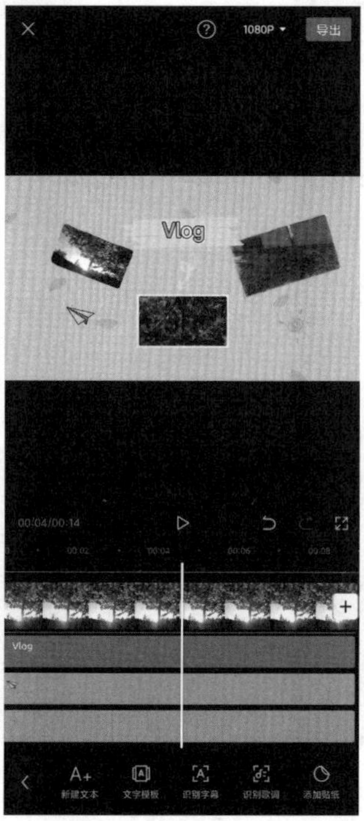


图6－11　添加字幕、贴纸和背景音乐

## 6.2　色度抠图功能详解

在进行视频内容创作时，有时需要制作一些非常炫酷或者不可思议的视频效果，例如，人在钢丝上行走，或者龙在天上飞的场景。这些视频片段大多不是在真实场景中拍摄出来的，而是通过视频素材抠像，将需要的素材从视频素材中抠取出来，然后和原有的视频进行合成。使用剪映提供的色度抠图功能即可完成视频素材的抠取。

### 6.2.1　什么是色度抠图

色度抠图是剪映提供的一种视频素材抠取方式，使用色度抠图可以将视频素材中某一颜色去除掉，然后使用其他画面进行填充。一般需要去除的颜色为绿色，是因为人的皮肤中不包含绿色，这样图像比较容易抠取出来。

### 6.2.2　色度抠图的基本操作

（1）在剪映中点击“开始创作”→“素材库”按钮，在素材库下方的搜索框中输入“绿幕”，即可搜索剪映内置的绿幕素材，如图6－12所示。

（2）选择需要添加的绿幕素材，点击右下角“添加”按钮，即可将绿幕素材添加到时间线上，如图6－13所示。

（3）选择绿幕素材，将工具栏向左滑，然后点击“色度抠图”按钮，将取色器移至图像绿色背景处，如图6－14所示。

（4）点击“强度”按钮，将数值拖到最大，即可将绿色背景去除，如图 6－15 所示。

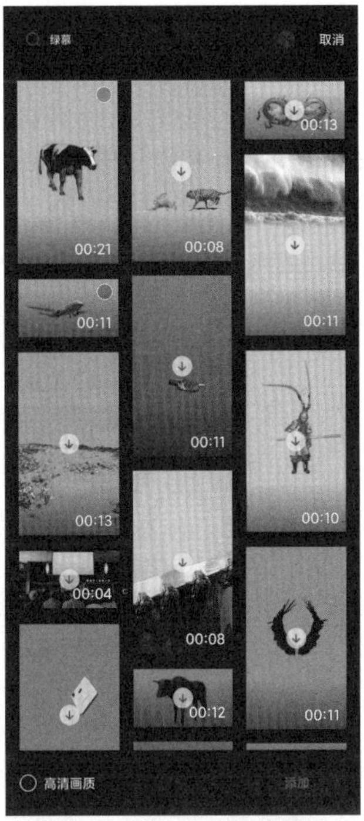


图 6－12　剪映绿幕素材

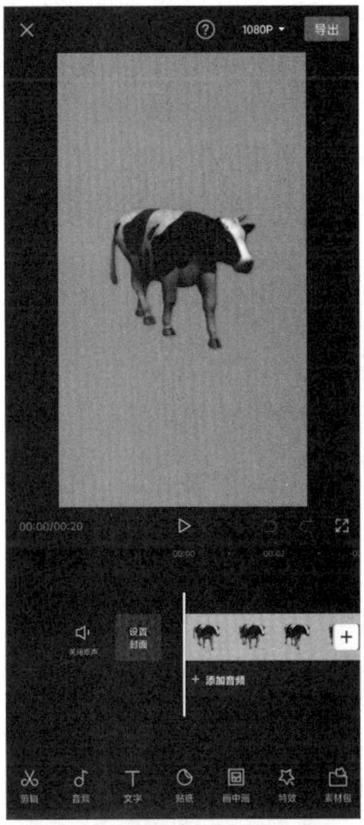


图 6－13　导入绿幕素材

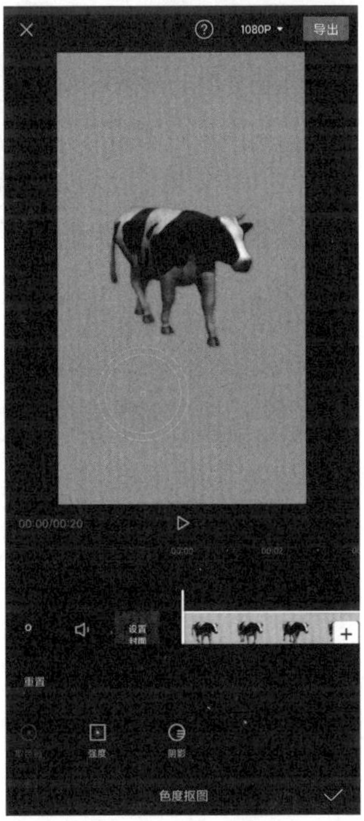


图 6－14　将取色器移至绿色背景处

图 6－15　去除绿色背景

（5）如果觉得没有去除干净，或者图像边缘存在绿色残留，可以将取色器中心移至绿色残留部分，多次重复操作即可完成图像的抠取。

（6）使用色度抠图除了能够对绿幕素材进行抠取外，还可以抠取其他颜色的视频素材。例如，在时间线上导入一张蓝色背景的视频素材，如图 6－16 所示。

（7）选中蓝色素材，点击“色度抠图”按钮，将取色器移至蓝色背景上，将“强度”拉到最大，即可完成素材图像的抠取，抠取完成后的效果如图 6－17 所示。

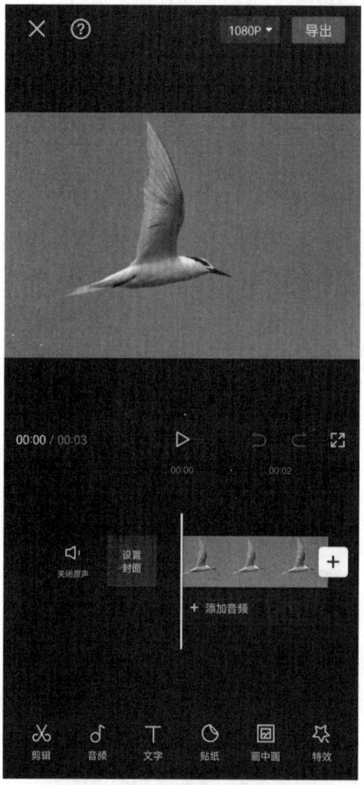


图 6－16　导入蓝色背景素材

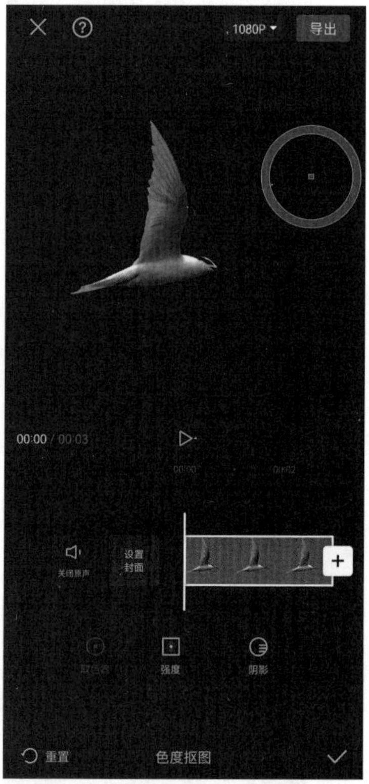


图 6－17　去除蓝色背景

### 6.2.3　色度抠图案例实操

（1）本节将讲解利用色度抠图来制作雄鹰在天空飞翔的效果。首先打开剪映，点击“开始创作”按钮导入背景素材，导入后效果如图 6－18 所示。

（2）点击下方工具栏中的“画中画”按钮，点击“新增画中画”按钮，在“素材库”中搜索需要添加的绿幕素材，并将素材添加至时间线上，添加完成后的效果如图 6－19 所示。

（3）选中需要抠取的绿幕素材，点击下方工具栏中的“色度抠图”按钮，并将取色器移至绿色背景上，效果如图 6－20 所示。

色度抠图案例实操——雄鹰飞翔

（4）点击“强度”按钮，调整数值，直至绿色背景完全被去除，然后点击“确定”按钮，并将素材时长调整成和背景素材时长一致，效果如图 6－21 所示。最后将制作好的视频导出即可。

图 6－18　导入背景素材

图 6－19　添加需要抠取的绿幕素材

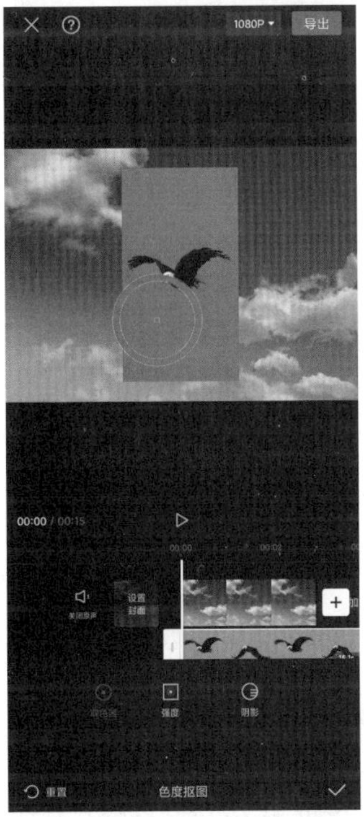

图 6－20　选取绿色背景

图 6－21　去除绿幕背景

## 6.3　智能抠像功能详解

### 6.3.1　什么是智能抠像

智能抠像是剪映提供的一种抠取视频内容图像的方式，使用该方式能够一键轻松抠取视频中的人物。

### 6.3.2　智能抠像和色度抠图的区别

使用智能抠像和色度抠图都能对视频素材中的内容进行抠取，只是两种抠图方式工作原理不同。

智能抠像是根据算法自动识别视频素材中需要去除或者保留的部分，使用智能抠像时，无法手动选取需要去除的部分，因此有时会出现部分需要保留的内容，也会被算法识别为需要去除的部分，而被抠掉的情况。如图 6－22 所示，需要将人物连同哑铃部分抠取出来。但是由于智能抠像是通过算法自动识别，来确定需要抠取的区域，无法识别得非常精确，因此抠取出来的图像中部分哑铃图像丢失，如图 6－23 所示。

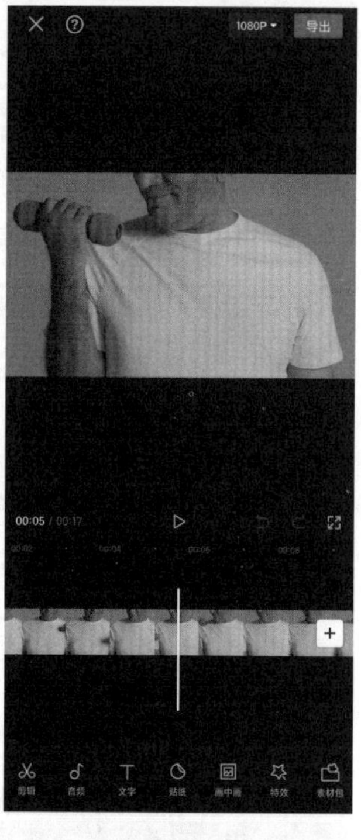


图 6－22　需要抠取的视频素材

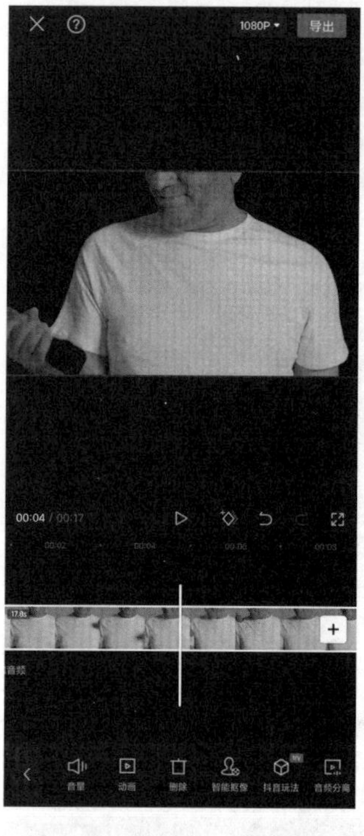


图 6－23　抠取后部分哑铃素材丢失

使用智能抠像时，一般建议视频中被抠取物体和背景区分比较明显，这样抠取出来的图像才会比较干净和完整。

色度抠图则是通过颜色来选择视频素材中需要去除或者保留的部分，该方法相较于智能抠像的优势是可以手动对需要去除或者保留的区域进行选择，劣势则是抠图效率较慢。色度抠图同样对视频中被抠取物体和背景有一定的要求，被抠取物体与背景区分越明显，图像越容易抠取。

下面来对两种抠图方式进行一下总结，如表 6－1 所示。

表 6－1　智能抠像与色度抠图的比较

| 抠图方式 | 工作原理 | 优势 | 劣势 |
| --- | --- | --- | --- |
| 智能抠像 | 根据算法自动识别视频中需要去除或者保留的部分 | 抠图效率较高 | 无法对抠取区域进行选择 |
| 色度抠图 | 通过颜色来选择视频中需要去除或者保留的部分 | 可以手动选取抠图区域 | 抠图效率较低 |

### 6.3.3　智能抠像的基本操作

在剪映中点击“开始创作”按钮导入需要进行抠取的视频素材，如图 6－24 所示。选中素材后，点击下方菜单栏中的“智能抠像”按钮，即可对视频中的人物进行抠取，如图 6－25 所示。抠取完成后的效果如图 6－26 所示。

### 6.3.4　智能抠像案例实操

智能抠像案例实操——宇航员漂浮

（1）本节将讲解利用智能抠像来制作外太空漂浮效果。首先打开剪映，点击“开始创作”按钮导入背景素材，导入后效果如图 6－27 所示。

（2）点击下方工具栏中的“画中画”按钮，点击“新增画中画”按钮，在“素材库”中搜索需要添加的绿幕素材，并将素材添加至时间线上，添加完成后的效果如图 6－28 所示。

（3）点击下方“编辑”按钮对宇航员素材进行裁剪，如图 6－29 所示。

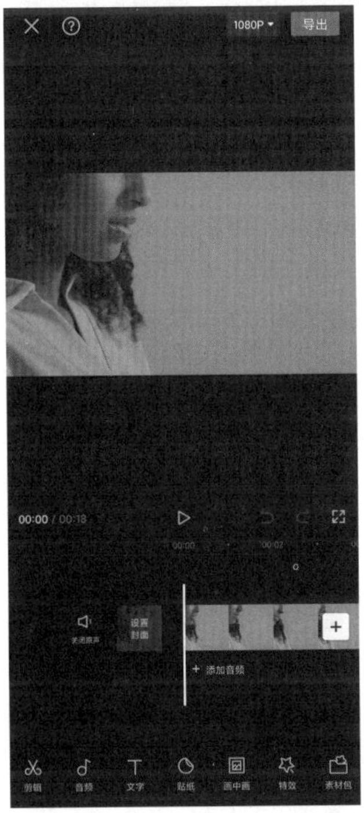


图 6－24　导入需要抠取的视频素材

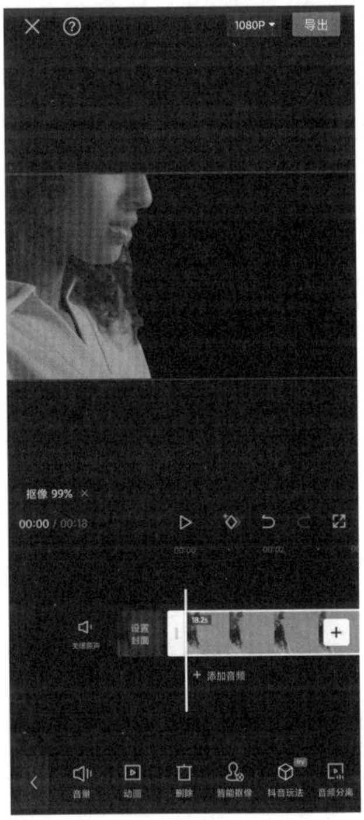


图 6－25　对视频素材进行智能抠像处理

图 6 - 26　抠取完成后的效果

图 6 - 27　导入背景素材

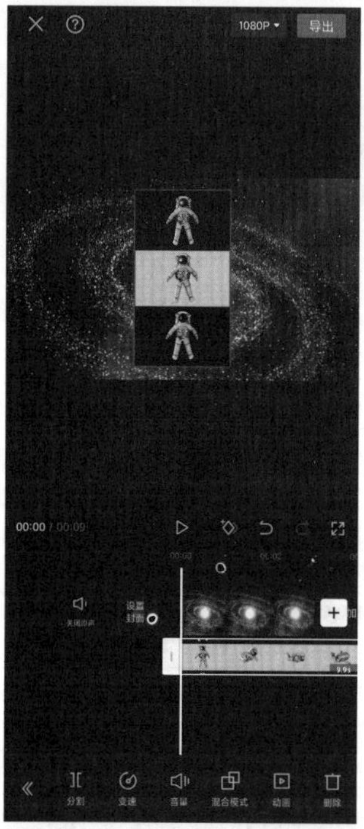


图 6 - 28　添加宇航员素材

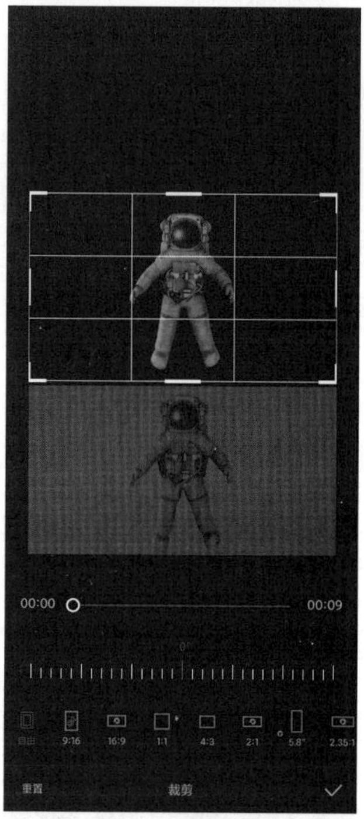


图 6 - 29　对素材进行裁剪

（4）返回上一级菜单，点击“智能抠像”按钮对宇航员进行抠取，抠取后效果如图 6－30 所示。

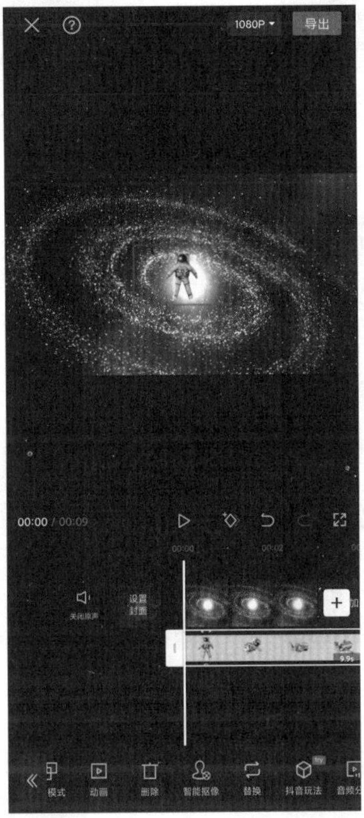


图 6－30　抠取宇航员图像

（5）最后将背景素材时长调整成和绿幕素材时长一致，导出视频即可。

## 6.4　曲线变速功能详解

曲线变速是剪映为视频创作者提供的一种对视频内容进行变速操作的方式，使用该方式能够对视频进行加速或者减速处理。在曲线变速中，可以通过自定义的方式对视频内容进行变速处理，也可以通过内置的变速预设对视频进行变速操作，如图 6－31 所示。

### 6.4.1　曲线变速和常规变速的区别

在剪映中除了有曲线变速功能外，还有常规变速功能，两种方式都能对视频内容进行变速处理，区别在于常规变速是对整段视频内容进行变速处理，例如，这里选择两倍速，则整段视频内容都会变为原来视频两倍的速度播放，如图 6－32 所示。

而曲线变速则可以对视频中任意时段内容进行变速处理，例如，这里选择曲线变速中的“自定”方式对视频进行变速处理，如图 6－33 所示。点击“编辑”按钮即可进入自定义变速设置界面，对变速点进行相应拖拽，即可实现视频变速效果，如图 6－34 所示。

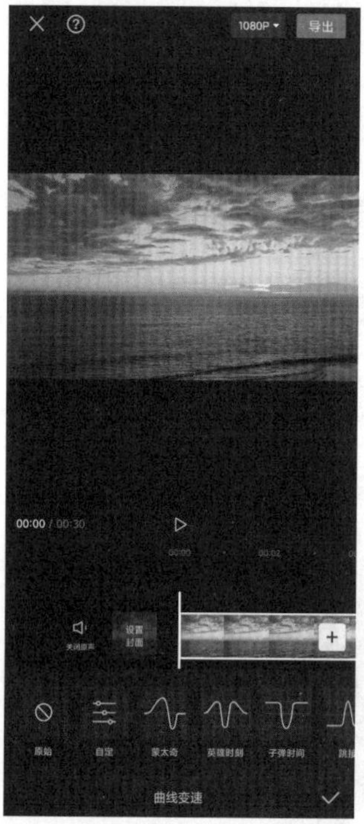


图 6-31 曲线变速操作界面

图 6-32 对视频进行两倍加速

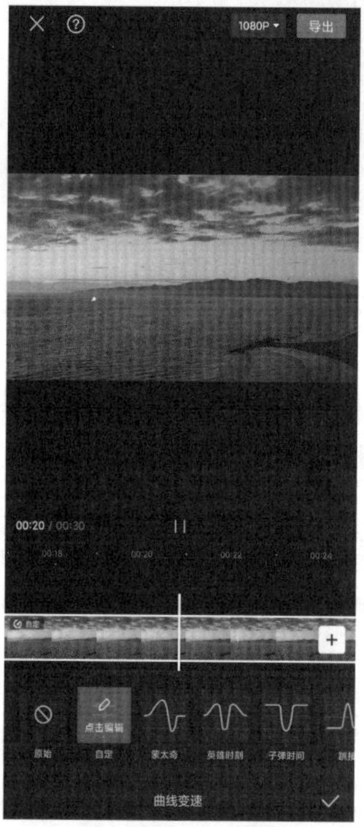


图 6-33 使用自定方式对视频进行变速

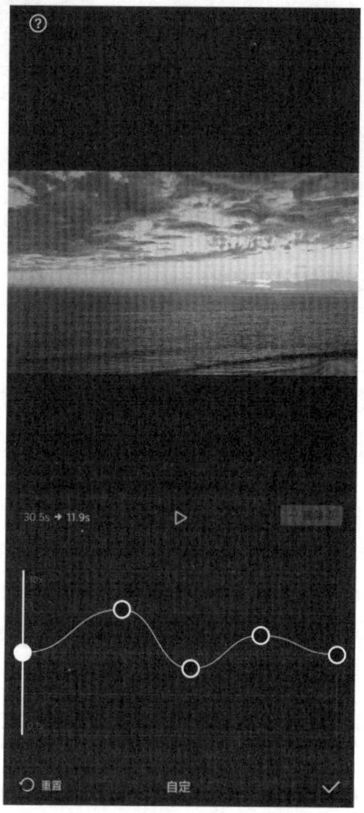


图 6-34 对视频进行曲线变速处理

曲线变速与常规变速的比较如表 6－2 所示。

表 6－2　曲线变速与常规变速的比较

| 变速方式 | 使用场景 | 优点 | 缺点 |
| --- | --- | --- | --- |
| 曲线变速 | 需要对视频素材进行不同变速处理时 | 能够灵活对视频素材进行变速处理 | 操作过程相对常规变速较为复杂 |
| 常规变速 | 需要对视频素材进行统一变速处理时 | 操作较为方便 | 无法对视频素材进行不同变速处理 |

### 6.4.2　曲线变速的基本操作

在剪映中点击“开始创作”按钮导入需要进行变速处理的视频素材，如图 6－35 所示。选中素材，点击下方工具栏中的“变速”按钮，选择“曲线变速”，如图 6－36 所示。

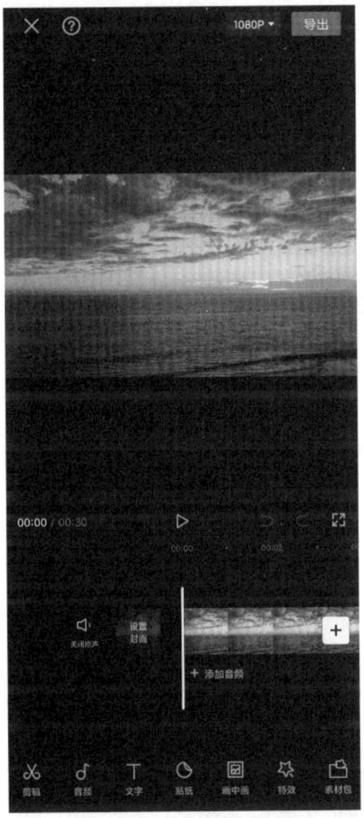


图 6－35　导入需要进行变速的视频素材

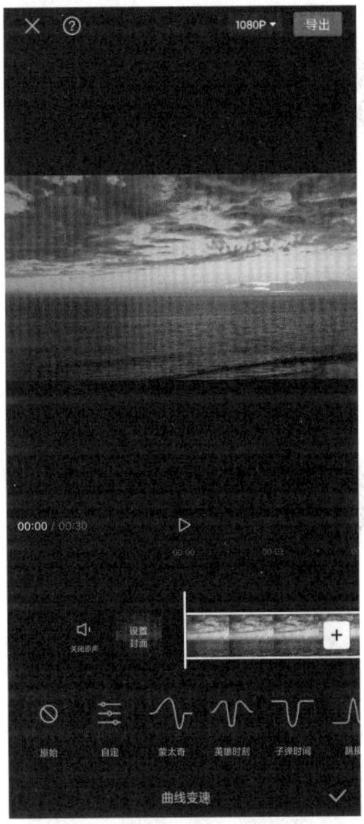


图 6－36　对视频进行曲线变速操作

点击“蒙太奇”变速，则视频会以蒙太奇变速预设进行变速，如图 6－37 所示。点击“编辑”按钮即可进入蒙太奇预设编辑界面，拖拽相应的变速点即可对变速预设进行修改，如图 6－38 所示。

再次导入一段需要进行变速的素材，这次选择“自定”方式对视频进行变速，点击“编辑”按钮即可进入自定变速编辑界面，向上拖拽变速点即可对视频部分内容进行加速处理，最高支持对视频进行 10 倍变速，如图 6－39 所示。

同理，向下拖拽变速点即可对视频进行减速处理，最高支持将视频播放速度减慢至原视频的 0.1 倍速。如果觉得系统给出的变速点无法完成视频的变速操作，还可以拖动时间线到需要进行变速的位置，然后点击右上角的“添加点”按钮，即可添加变速点，如图 6－40 所示。

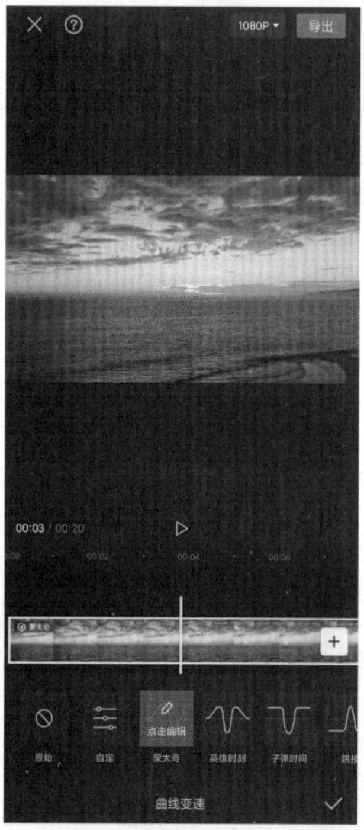


图 6－37　使用蒙太奇预设对视频进行变速

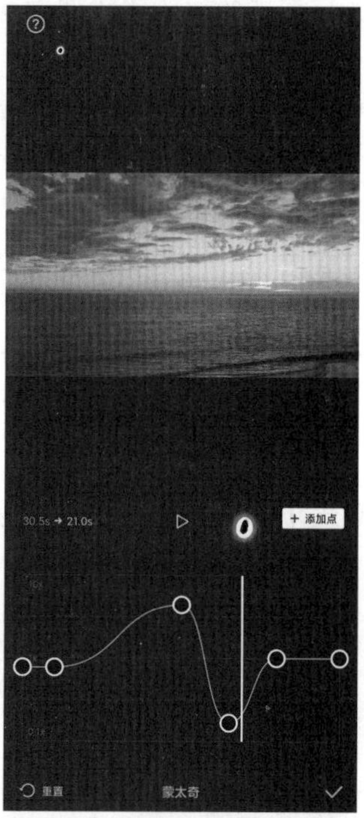


图 6－38　编辑蒙太奇变速预设

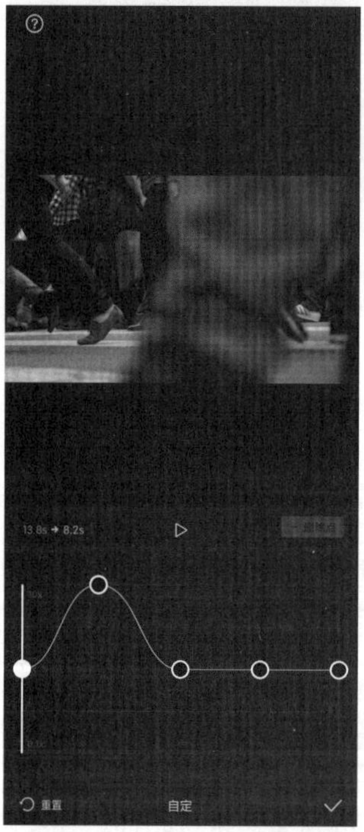


图 6－39　对视频进行加速处理

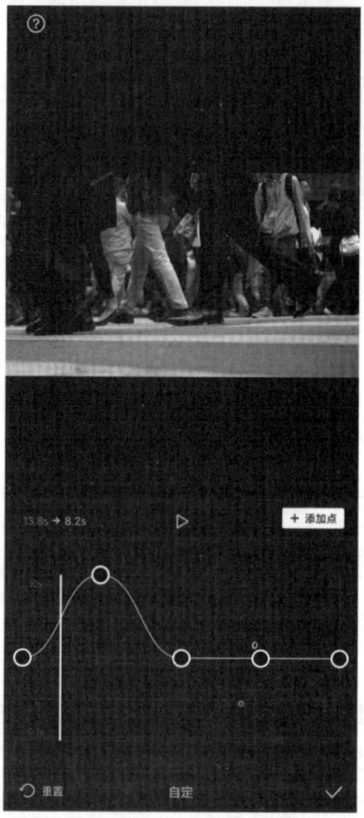


图 6－40　添加变速点

同理，如果需要删除变速点，则将时间线移至变速点上，然后点击右上角“删除点”按钮即可将变速点删除，如图 6－41 所示。

**图 6－41　删除变速点**

需要注意的是，对视频进行加速或减速处理，会改变原视频时长。对视频进行加速处理，会缩短原视频时长。对视频进行减速处理，会增加原视频时长。

曲线变速案例实操——行人过马路的原始视频

曲线变速案例实操——行人过马路的变速视频

### 6.4.3　曲线变速案例实操

（1）本节将讲解利用曲线变速来制作电影中行人经过马路时的效果。首先打开剪映，点击“开始创作”按钮导入需要进行变速的视频素材，如图 6－42 所示。

（2）选中视频素材，点击下方工具栏的“变速”按钮，选择“曲线变速”中的“自定”方式，点击“编辑”按钮进入自定方式编辑界面，根据想要实现的效果，对变速点进行拖拽，如图 6－43 所示。

图 6-42　导入需要进行变速的素材

图 6-43　进行自定变速效果设置

（3）设置完成后对视频效果进行预览，确认无误后导出即可。

## 6.5　蒙版功能详解

蒙版是在视频剪辑创作时，经常使用到的一项功能。我们在视频中看到的一些特效，例如，现在的自己和过去的自己相遇，如图 6-44 所示，就是利用蒙版制作出的视频效果。在剪映中，蒙版主要分为线性蒙版、镜面蒙版、圆形蒙版、矩形蒙版等，使用不同形状的蒙版能够制作出不同的效果。

### 6.5.1　蒙版的工作原理

蒙版就好比遮挡在视频文件上的一张纸，如果这张纸完全将视频文件遮挡住，那么视频文件就无法被看到，如图 6-45 所示。如果在这张纸上开一个圆形，则圆形中将显示视频文件的内容，如图 6-46 所示。

图 6－44　现在的自己与过去的自己相遇

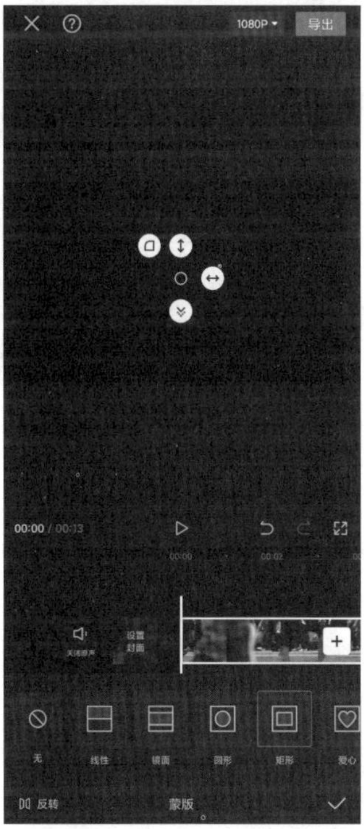


图 6－45　蒙版完全遮挡住视频文件

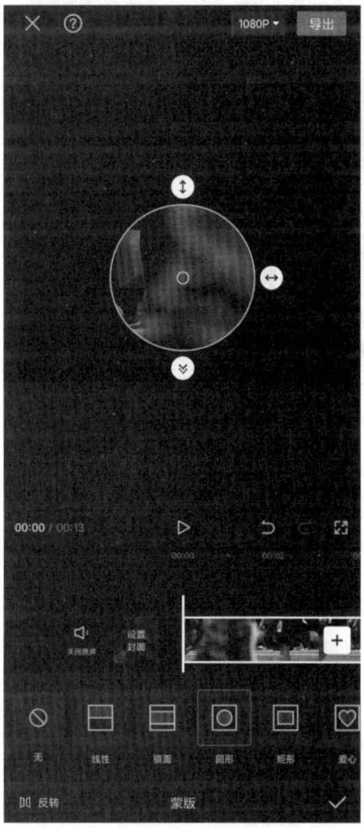


图 6－46　显示圆形蒙版中的内容

移动蒙版的位置，可以显示不同位置的视频内容。使用不同形状的蒙版，可以显示不同形状的视频内容。对线性或镜面蒙版进行旋转，还能显示倾斜的视频内容。

### 6.5.2 蒙版的基本操作

在剪映中对蒙版的操作主要分为添加蒙版、删除蒙版、旋转蒙版、缩放蒙版、调整蒙版大小以及对蒙版进行羽化等，下面一一进行讲解。

#### 1. 添加蒙版

在剪映中点击“开始创作”按钮导入视频素材，如图 6－47 所示。选中素材，点击下方工具栏中“蒙版”按钮即可添加蒙版，添加后效果如图 6－48 所示。

图 6－47 导入视频素材

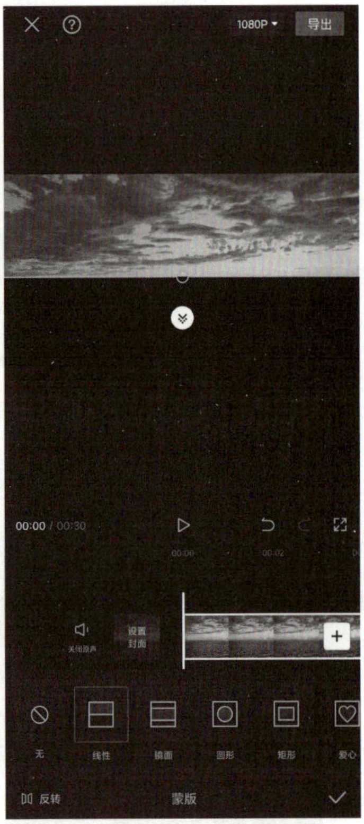


图 6－48 添加蒙版

#### 2. 删除蒙版

选中已添加蒙版的素材，点击“无”按钮即可删除已经添加的蒙版，如图 6－49 所示。

#### 3. 旋转蒙版

使用两指在屏幕上对蒙版进行旋转即可设置蒙版倾斜的角度，可以对蒙版进行正角度和负角度旋转，旋转后效果如图 6－50 所示。

#### 4. 缩放蒙版

使用两指在屏幕上向外扩展或向内收缩即可对蒙版进行缩放操作，使用两指向外扩展即可增大蒙版可见区域，如图 6－51 所示。使用两指向内收缩即可缩小蒙版可见区域，如图 6－52 所示。除了线性蒙版，其他蒙版均可使用两指缩放来调整蒙版可见区域的大小。

图 6－49　删除蒙版

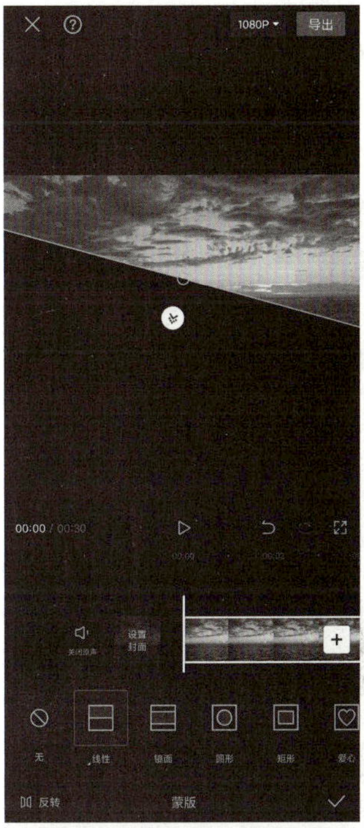


图 6－50　对蒙版进行旋转

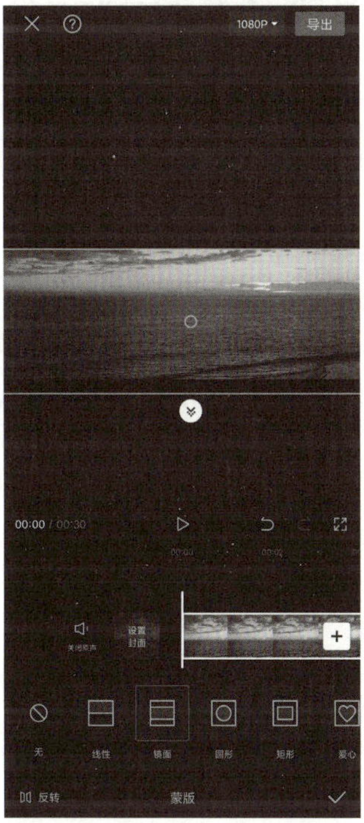


图 6－51　使用两指增大蒙版可见区域

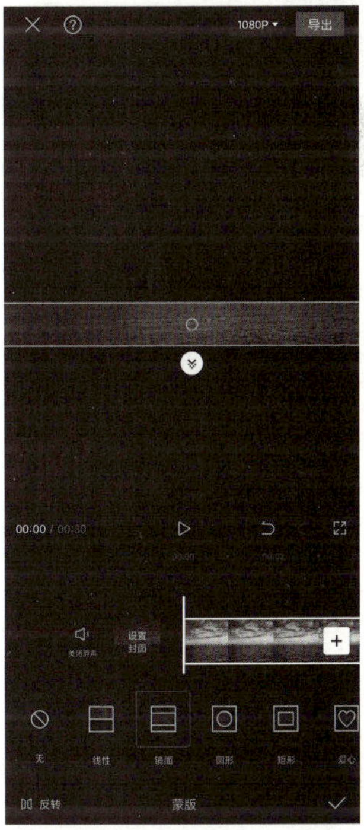


图 6－52　使用两指缩小蒙版可见区域

5. 调整蒙版大小

当选择圆形或矩形蒙版时，可以通过周围的双向箭头来调整蒙版可见区域的大小，向外拖动箭头即可增大蒙版可见区域，如图 6－53 所示。向内拖动箭头即可缩小蒙版可见区域，如图 6－54 所示。

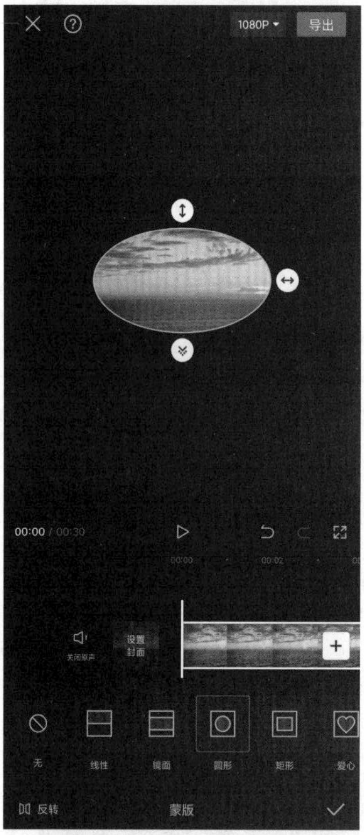


**图 6－53　增大蒙版可见区域**

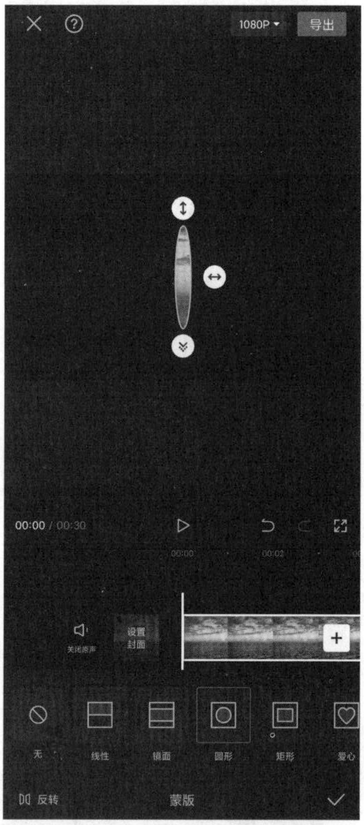


**图 6－54　缩小蒙版可见区域**

6. 对蒙版进行羽化

如果希望蒙版边缘过渡比较自然，可以拖动双向箭头对蒙版边缘进行羽化，拖动的幅度越大，蒙版边缘羽化的越明显，如图 6－55 所示，过渡的也就越自然。

蒙版案例实操——替换天空视频

### 6.5.3　蒙版案例实操

（1）本节将讲解利用蒙版来实现替换天空的效果。首先打开剪映，点击“开始创作”按钮导入需要替换天空的视频素材，如图 6－56 所示。

（2）点击下方工具栏中的“画中画”按钮，点击“新增画中画”按钮，导入天空视频素材。导入后效果如图 6－57 所示。

（3）点击下方工具栏中的“蒙版”按钮，给天空视频素材添加线性蒙版，如图 6－58 所示。拖动向下的双向箭头，将蒙版边缘羽化调至最大，调整后效果如图 6－59 所示。

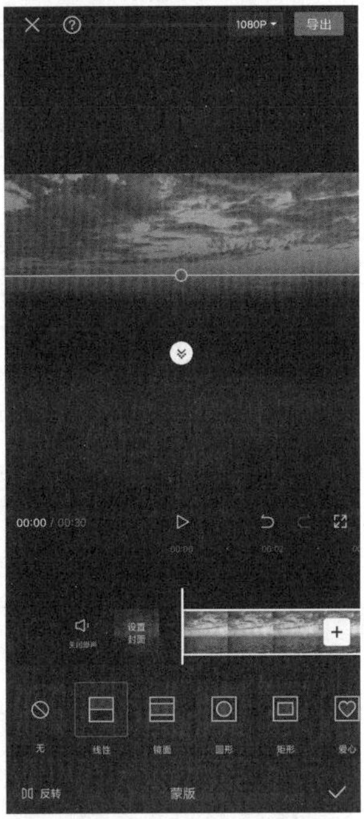


图 6－55　对蒙版边缘进行羽化

图 6－56　导入需要替换天空的视频素材

图 6－57　导入天空视频素材

图 6－58　给天空视频素材添加线性蒙版

（4）将天空视频素材调整至合适的位置和大小，效果如图 6 – 60 所示。

**图 6 – 59　将蒙版边缘羽化调至最大**

**图 6 – 60　调整天空视频素材位置和大小**

（5）将两段视频素材时长调整成一致，预览导出即可。

关键帧案例实操——蒙版转场

## 6.6　关键帧功能详解

### 6.6.1　关键帧的概念

关键帧即计算机动画术语，是指物体运动或变化过程中关键动作所处的那一帧，例如，一个物体由大变小，那么物体形状发生改变的那一帧的画面，就被称为关键帧。

### 6.6.2　关键帧的作用

关键帧主要用来记录物体由一个状态向另一个状态转变的过程，在物体状态开始改变时添加开始关键帧，在物体状态变化完成时添加结束关键帧，软件则会自动根据两个关键帧之间的时长以及物体变化的状态，来自动补充中间变化过程的画面，也就是过渡帧。

关键帧主要用来制作动画，例如，可以用来制作物体由大到小变化的动画，也可以用来制作物体从上往下移动的动画。

### 6.6.3　关键帧的基本操作

这里以制作照片从屏幕外向屏幕内移动为例，来讲解关键帧的基本操作。

（1）在剪映中点击“开始创作”按钮导入照片素材，并将照片素材时长调整至 10 秒，如图 6 – 61 所示。

图 6－61　导入照片素材

（2）选中照片将照片向左移，并在 0 秒处添加关键帧，如图 6－62 所示。然后将时间线拖动至照片播放结束位置，将照片向右移，直至照片完全显示，此时软件会自动添加结束关键帧，如图 6－63 所示。

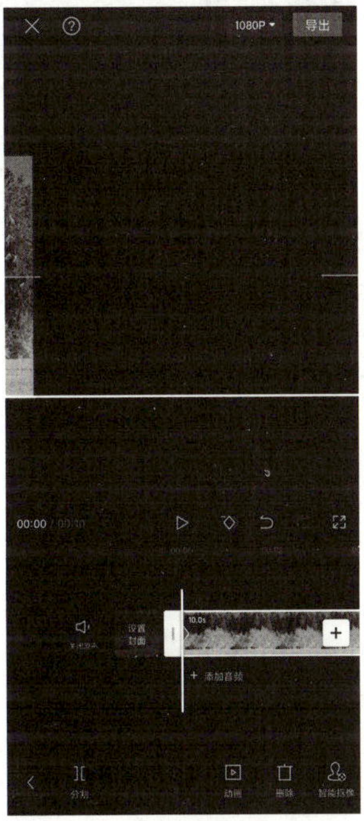


图 6－62　添加开始关键帧

图 6－63　添加结束关键帧

（3）播放视频，即可看到照片从屏幕外向屏幕内移动的效果。如果需要删除关键帧，将时间线移至关键帧上，点击“删除关键帧”按钮即可。

### 6.6.4 关键帧案例实操

（1）本节将讲解利用关键帧结合蒙版制作视频转场的效果。首先打开剪映，点击“开始创作”按钮导入第一段视频素材，如图 6－64 所示。然后对视频进行分割，保留第 6～9 秒视频片段，删除其他视频片段，分割删除后的效果如图 6－65 所示。

图 6－64 导入第一段视频素材

图 6－65 分割删除后的视频片段

（2）点击工具栏中的“画中画”按钮，点击“新增画中画”按钮，导入第二段视频素材，调整视频大小至全屏显示，效果如图 6－66 所示。

（3）选中第二段视频素材，点击下方工具栏中的“蒙版”按钮，给视频素材添加线性蒙版，并将蒙版旋转至 90 度，如图 6－67 所示。

图 6－66　导入第二段视频素材

图 6－67　添加线性蒙版并旋转至 90 度

（4）点击左下角的“反转”按钮对蒙版进行反向，然后调整蒙版的位置，并适当对蒙版进行羽化，如图 6－68 所示。

（5）根据第一段视频素材中汽车尾部完全出现的时间点，来调整第二段视频素材的起始位置，将第二段视频素材的起始位置与第一段视频素材汽车尾部完全出现的位置对齐，如图 6－69 所示。

图 6－68　调整蒙版位置并对蒙版进行羽化

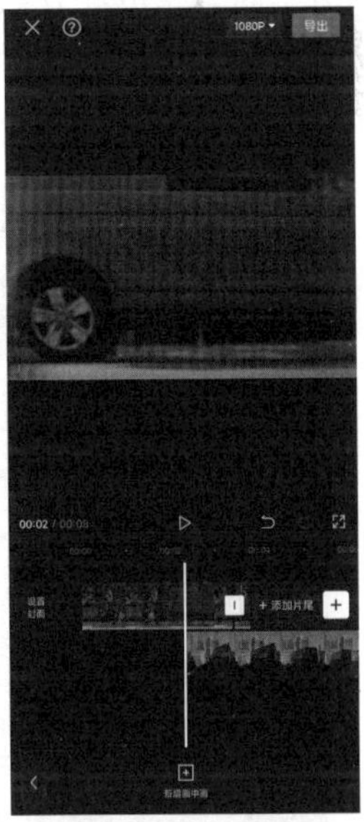


图 6－69　调整第二段视频素材的起始位置

（6）选中第二段视频素材，在起始位置添加关键帧，如图 6－70 所示。然后向后移动时间线，根据汽车移动的轨迹来调整蒙版的位置，如图 6－71 所示。

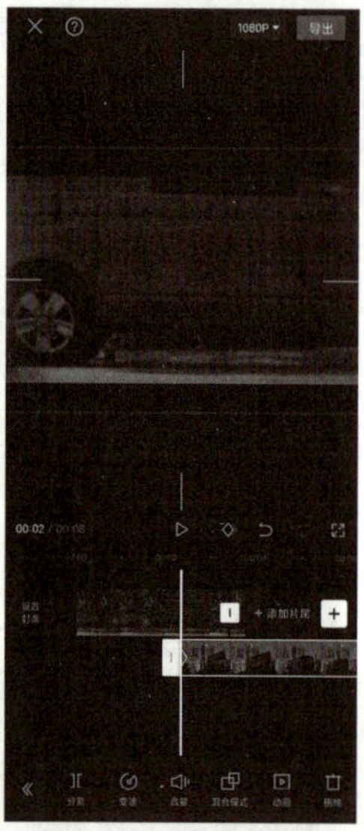


图 6－70　添加关键帧

图 6－71　根据汽车移动轨迹调整蒙版位置

（7）调整第二段视频素材结尾与第一段视频素材对齐，预览导出即可。

## 6.7　剪映进阶案例实操

剪映进阶案例实操——马赛克跟踪车牌

（1）本节将利用画中画、蒙版和关键帧功能，来制作马赛克跟踪车牌的效果。首先打开剪映，点击“开始创作”按钮导入视频素材，如图 6－72 所示。对视频进行分割，保留第 3～5 秒视频内容，删除其他视频内容，效果如图 6－73 所示。

图 6－72　导入视频素材

图 6－73　对视频进行分割和删除

（2）选择视频，向左滑动下方工具栏，点击“复制”按钮，对视频素材进行复制，如图 6 – 74 所示。选中复制后的视频素材，点击下方工具栏中的“切画中画”按钮，如图 6 – 75 所示。将两段视频起始位置进行对齐，如图 6 – 76 所示。

（3）选择画中画视频素材，为其添加矩形蒙版并调整蒙版大小和位置，使其覆盖住车牌，并点击左下角“反转”按钮对蒙版进行反转，如图 6 – 77 所示。

图 6 – 74　对视频素材进行复制

图 6 – 75　对复制后的视频素材切画中画处理

图 6 – 76　将两段视频素材起始位置对齐

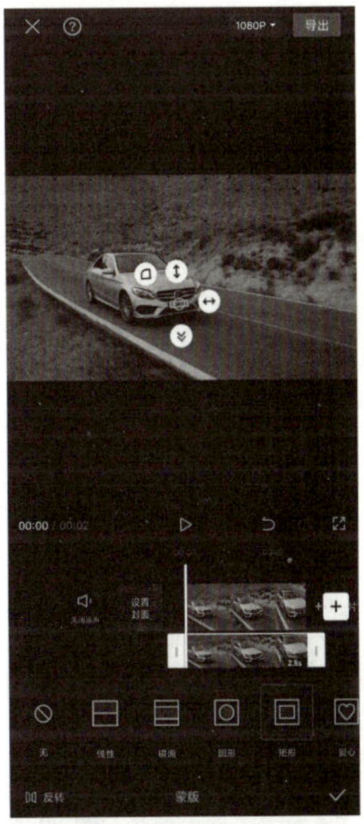


图 6 – 77　调整蒙版大小和位置

（4）返回一级工具栏，点击“特效”按钮，在“画面特效→基础”中选择“马赛克”特效进行添加，如图 6－78 所示。

（5）调整马赛克特效时长和视频时长一致，返回一级菜单，选择画中画视频，在视频开始位置打上关键帧，如图 6－79 所示。然后向右移动时间线，根据车牌位置的变化来调整蒙版的位置和大小，如图 6－80 所示。

不断向右移动时间线并调整蒙版的位置和大小，直至视频结束，调整后效果如图 6－81 所示。

图 6－78　添加马赛克特效

图 6－79　给视频添加关键帧

图 6－80　根据车牌位置调整蒙版位置和大小

图 6－81　调整后的效果

对视频最终效果进行预览，确认无误后导出即可。

**思政案例**

剪映 App 是一款视频编辑软件，经微播公司授权确认由脸萌公司负责运营。2020 年 2 月 27 日，制作人“阿 ×”在剪映 App 上发布了“为爱充电”短视频模板，用户可通过替换模板中的可更换素材形成自己的视频。原告经制作人授权取得相关著作权权利。同年 2 月 28 日，被告在运营的 Tempo App 上传了被控侵权视频。原告主张被告侵害其信息网络传播权、复制权、改编权及汇编权。被告辩称涉案短视频模板不具有独创性，不构成作品，不应受到著作权保护。

本案制作者将多个元素进行选择与编排制作出的短视频模板与既有各个独立的元素存在客观明显的差异，且没有证据证明在发布前存在相似的短视频模板，故应当认定由制作者独立创作完成。

涉案短视频模板构成了一个有机统一的视听整体，其中包含了制作者多方面的智力劳动，整个创作过程存在智力创造空间，具有独特的选择、安排与设计，体现了制作者的个性化表达。

被控侵权短视频模板与涉案短视频模板相比，除可自由替换的两张人物图片外其他不可编辑部分的内容基本相同，因两短视频模板在个性化的选择、设计与排列上相同，应认为两者在整体上构成实质性相似。

二被告在其运营的 App 上共同或分别提供被控侵权短视频模板，使用户可以在其个人选定的时间和地点播放、下载、制作及分享，该行为构成对二原告涉案作品信息网络传播权的侵害。

关于侵犯复制权、改编权以及汇编权的主张，法院认为，本案中涉案作品被置于网络传播状态，此时作品复制行为被信息网络传播行为吸收，只构成侵犯信息网络传播权。被控侵权短视频模板与涉案短视频模板并无实质性差异，亦不能认为产生了新作品，不构成对改编权的侵犯；两短视频模板整体上系同一视听内容，只对其中可替换素材进行简单替换的行为并未达到汇编作品所要求的对素材选择及编排的独创性，不构成汇编权侵权。

4 月 16 日，杭州互联网法院对原告深圳脸萌科技有限公司、北京微播视界科技有限公司与被告杭州某科技有限公司、杭州某创新科技股份有限公司著作权侵权纠纷一案进行宣判，判决二被告立即停止在 Tempo App 中提供涉案短视频模板，赔偿经济损失及合理费用共计 6 万元。

**温馨提醒**

根据我国《著作权法》第 49 条规定：“侵犯著作权或者与著作权有关的权利的，侵权人应当按照权利人的实际损失给予赔偿；实际损失难以计算的，可以按照侵权人的违法所得给予赔偿。”

**职业思考**

侵犯著作权罪，是指以营利为目的，未经著作权人许可复制发行其文字、音像、计算机软件等作品，出版他人享有独占出版权的图书，未经制作者许可复制发行其制作的音像制品，制作、展览假冒他人署名的美术作品，违法所得数额较大或者有其他严重情节的行为。

短视频运营人员违法问题的发生，与个别短视频运营人员法律意识和版权意识淡薄、对法律毫无敬畏之心有关。无论是使用他人创作的视频模板，还是视频文件，都需要征得他人同意，获得他人授权。在使用没有明晰版权的视频模板时，需要提前确定文件所有权的归属，避免后期产生法律纠纷。

## 实战演练

### 一、单项选择题

1. 下列哪项是剪映画中画的功能？（　　）

A. 能够在同一视频文件中添加多段视频素材

B. 能够抠取视频中绿色部分的图像

C. 能够给视频中人物添加特效

D. 能够给视频添加打开的入场动画

2. 使用色度抠图对视频素材进行抠取时，一般选用（　　）背景颜色的素材。

A. 红色　　B. 蓝色　　C. 绿色　　D. 紫色

3. 智能抠像功能主要是通过（　　）来完成视频内容的抠取。

A. 颜色　　B. 位置　　C. 大小　　D. 算法

4. 使用曲线变速功能能够完成对视频内容的（　　）处理。

A. 常规变速　　B. 自定义变速　　C. 加速　　D. 减速

5. 下列关于蒙版的说法，错误的是（　　）。

A. 蒙版用于遮挡视频中需要显示的部分

B. 对蒙版进行羽化，能使蒙版边缘过渡更自然

C. 可以通过蒙版周围的双向箭头来调整蒙版可见区域的大小

D. 线性蒙版无法使用双指来调整可见区域大小

### 二、多项选择题

1. 下列哪些是剪映中支持的图像抠取方式？（　　）

A. 色度抠图　　B. 智能抠像　　C. 色度抠像　　D. 智能抠图

2. 下列哪些是剪映中支持的蒙版类型？（　　）

A. 线性蒙版　　B. 镜面蒙版　　C. 圆形蒙版　　D. 矩形蒙版

3. 在剪映中，可以对蒙版进行哪些操作？（　　）

A. 添加蒙版　　B. 删除蒙版　　C. 旋转蒙版　　D. 缩放蒙版

4. 下列关于视频变速的说法，正确的是（　　）。
A. 使用常规变速，可以对视频中任意时段内容进行变速处理
B. 曲线变速是对整段视频内容进行变速处理
C. 对视频进行加速处理，会缩短原视频时长
D. 对视频进行减速处理，会增加原视频时长
5. 在剪映中使用关键帧，可以制作下列哪些效果？（　　）
A. 物体由大变小的效果　　B. 物体由左向右的效果
C. 物体从上至下的效果　　D. 物体逐渐消失的效果

## 三、判断题

1. 通过画中画功能添加的视频素材会覆盖在原有的视频素材上。（　　）
2. 色度抠图无法抠取蓝色背景的视频素材。（　　）
3. 使用曲线变速功能中的变速预设，能够对视频进行变速操作。（　　）
4. 使用线性蒙版，能够制作出倾斜的视频效果。（　　）
5. 关键帧主要用来记录物体由一个状态向另一个状态转变的过程。（　　）

## 四、问答题

1. 请写出画中画功能的显示原理。
2. 请写出智能抠像与色度抠图的区别。
3. 请写出蒙版的工作原理。

# 第 7 章 短视频推广与运营

## 知识目标：

熟悉短视频帐号常见的推广方式

## 技能目标：

1. 掌握内容引流的操作
2. 掌握直播引流的操作
3. 掌握 DOU + 引流的操作
4. 掌握帐号粉丝维护技巧
5. 掌握帐号数据统计及分析
6. 掌握抖音创作服务平台使用

## 德育目标：

1. 培养学生具有良好的服务意识和职业操守
2. 培养学生具有严谨的工作态度和工作作风
3. 培养学生爱国主义思想，增强民族自尊心、自豪感和责任心
4. 培养学生优美情感和高尚的情操

## 情境引入

小王经过一段时间的学习和实操，已经掌握了视频拍摄和剪辑的相关技能。领导给小王安排了新的工作任务，要求他用 3 个月的时间将帐号的粉丝数量做到 1 万人，定期统计帐号的相关数据，并对统计数据进行分析，找出帐号运营过程中存在的问题和不足。小王面对新的工作任务一筹莫展，不知道该如何去完成，此时的小王该怎么办呢？

短视频推广是指通过各种网络渠道对短视频帐号进行推广，从而扩大帐号的知名度，提高帐号的粉丝数量。常见的短视频推广方式包括：内容推广、付费推广、直播推广等，其中内容推广是指通过创作优质的短视频内容来获取粉丝的关注。付费推广是指在各大短视频平台中，通过付费的方式将短视频内容展现到目标用户面前，从而吸引用户的关注。直播推广则是通过定期开通直播，在直播中与用户互动的方式来获取用户的关注。

短视频运营是指通过创作视频内容、对帐号进行推广、与粉丝互动、分析帐号各项数据指标等，来提升帐号粉丝的活跃度等，从而实现流量的变现。

短视频推广和运营是一个长期的过程，需要慢慢的积累。在实际操作时，切勿心浮气躁急功近利，只有不断向用户输出有价值的视频内容，帐号才能持续获得用户的关注。

## 7.1　常见的短视频帐号推广方式

短视频帐号创建完成后，就需要对外推广进行引流。目前短视频帐号的引流方式主要分为内容引流、第三方视频平台引流、直播引流以及通过官方付费渠道进行引流。下面详细对几种引流方式进行讲解。

### 7.1.1　内容引流

短视频帐号想要获得大量粉丝的关注，优质的内容是关键。帐号运营者在创作视频内容时需要对市场、竞争对手和用户进行分析，从而得出内容创作的方向。

#### 1. 市场分析

互联网上每天都会出现很多事件，有的事件因为媒体的报道和网民的关注就形成了热点，如图 7 - 1 所示。创作帐号内容时需要通过工具对这些热点事件进行分析，找到可以使用的热点，从而将热点融入视频内容创作中。

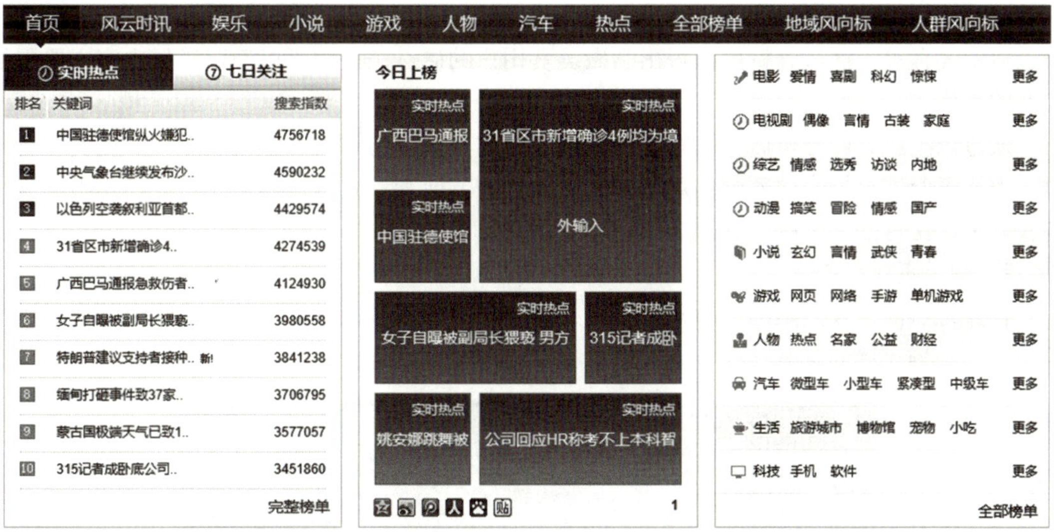


图 7 - 1　网络热点

#### 2. 竞品分析

竞品分析即通过相关的分析工具对市场上同类型的帐号内容进行分析（见图 7 - 2），主要分析点赞量、评论量和转发量较高的作品，分析作品创作的思路，有没有借助相关热点，视频的引爆点是什么，从而在创作自身帐号内容时进行借鉴，或与竞争对手产生差异化。

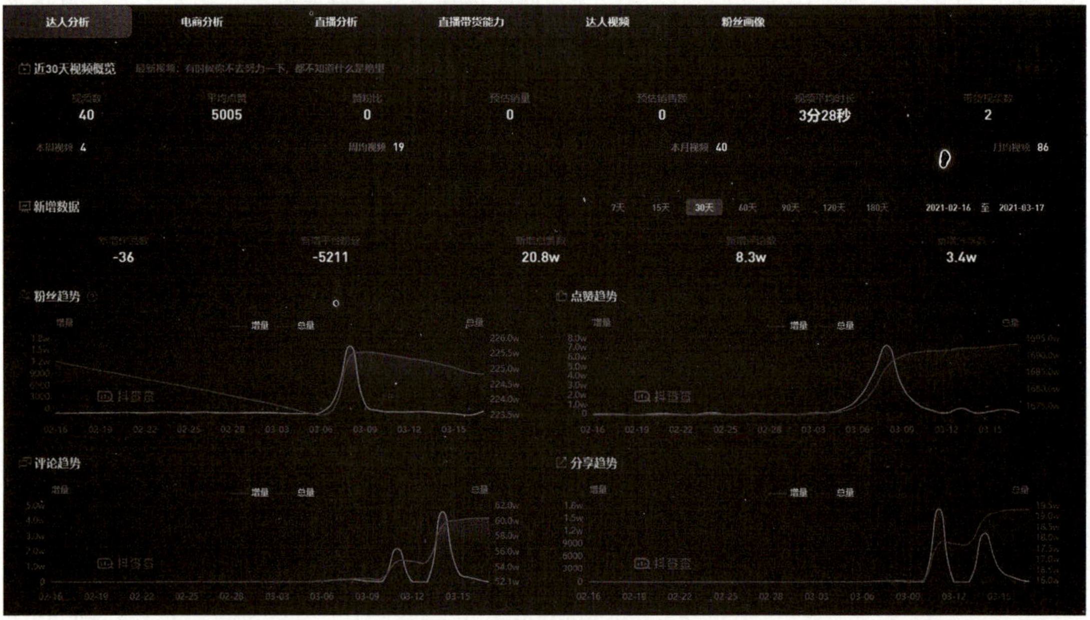


图 7-2　竞争对手帐号分析

### 3. 用户分析

用户分析即对帐号的目标用户进行分析，首先分析出用户对帐号内容主题关注的点，然后从中找出用户的痛点。例如，帐号主题是美食，那么用户关注美食的点一般分为美食推荐、学做美食等，通过分析可以得出学做美食用户的痛点，进而可以确定帐号内容主要围绕美食的制作进行创作。

通过以上三方面分析后，基本就能得出帐号内容创作的思路、主题及形式。在实际运营时，需要不断结合帐号内容数据对帐号内容创作的方向和形式进行调整，从而创作出广受用户喜欢和广泛传播的视频内容。

## 7.1.2　直播引流

直播是目前比较火热的一种营销方式，越来越多的帐号通过直播的方式吸引了大量用户的关注，一场火爆的直播往往可以吸引几万人同时在线观看，如图 7-3 所示。

图 7-3　直播间在线人数

只要直播内容足够精彩，与用户互动良好，一场直播下来就能够吸引不少新粉丝关注帐号。通过直播引流主要有以下两种方式：

1. 通过自己的直播间进行引流

如果自己具备一定的才艺或技能，可以通过直播的方式对外进行展示，感兴趣的用户看到直播内容后就会进入直播间，在直播的过程中可以通过与用户互动的方式，提醒用户点击左上角进行关注，如图 7 –4 所示。

**图 7 –4　直播间关注入口**

大多数人刚开始直播时直播间观众数量较少，这时首先需要坚持，即坚持定期开启直播，每场直播的时长不少于 30 分钟，同时还需要做好以下 4 点：

（1）开播前 1 ~3 小时发布优质短视频；

（2）设置干净整洁的直播间封面；

（3）编写与直播内容相关且能吸引用户点击量的标题；

（4）打开同城定位。

这样能够更好地获取官方对于直播间的推荐，并且能够有效地吸引用户点击进入直播间。

2. 通过其他人的直播间进行引流

利用其他人直播间进行引流，主要是通过互动和刷榜的方式进行引流。在选择直播间时，要选择用户数量较多且和自己帐号主题相关的直播间，积极和主播或直播间其他用户进行互动，从而获取关注。刷榜则是通过给主播打赏的方式，使自己帐号在直播间排名靠前，如图 7 –5 所示，从而获得主播的推荐和大量的曝光。

### 7.1.3　DOU + 引流

除了可以通过内容进行流量获取外，还可以通过付费的方式加速流量的获取，使帐号获得更大的曝光。例如，抖音平台的 DOU + 就是一款视频加热工具，通过设置相应的定向条件，可以将视频内容和直播间内容推荐到更多用户面前，从而获得更多的视频播放量和互动量。

下面讲解一下利用 DOU + 推广视频内容的操作步骤。

1. 选择需要推广的视频

利用 DOU + 对视频进行推广时，首先需要选择适合进行推广的视频。一般满足以下条件的视频比较适合进行推广：

（1）视频中有用户关注的痛点或槽点；

（2）视频基础播放量较高；

（3）视频基础点赞量较高；

（4）视频基础评论量较高；

（5）视频画质比较清晰；

（6）视频文案能够吸引用户点击或转发。

2. 设置期望提升的指标

DOU + 为推广的视频设定了 4 种期望提升的指标，分别为“位置点击”“主页浏览量”“点赞评论量”和“粉丝量”，如图 7 – 6 所示。

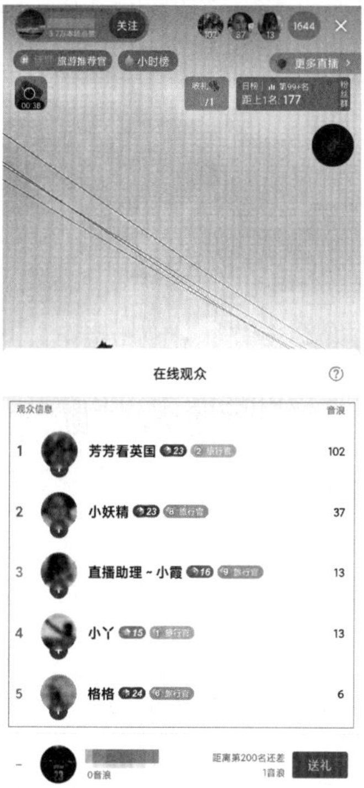


图 7 – 5　直播间榜单

图 7 – 6　DOU + 投放期望提升指标

进行视频推广时，需要根据视频中包含的信息以及推广目的合理地设置提升的指标。如果视频内容中包含位置信息，如图 7 – 7 所示，比较适合选择“位置点击”指标，这样能够更好地为线下门店进行引流。如果是进行了蓝 V 认证的企业帐号，可以选择“主页浏览量”指标，这样能够引导对视频内容感兴趣的用户，查看企业相关介绍、帐号福利、访问企业官网等，如图 7 – 8 所示。如果是希望提升视频的热度，可以选择“点赞评论量”指标。如果是想要吸引粉丝关注，可以设置“粉丝量”指标。

3. 设置视频投放时长

对视频进行加热时，可以根据需要完成的数据指标合理地设置投放时长。投放时长分为“2 小时”“6 小时”“12 小时”“24 小时”，如图 7 – 9 所示。不同的时长对应的花费不同，在实际投放时建议从较短的时长进行投放，经验充足后再选择较长的投放时长。

4. 设置视频投放目标用户

DOU + 支持给视频加热时设置视频投放的目标用户，设置目标用户主要分为三种模式，分别为“系统智能推荐”“自定义定向推荐”和“达人相似粉丝推荐”。系统智能推荐即系统智能选择对视频内容感兴趣的用户或潜在粉丝。自定义定向推荐则可以手动设置目标用户的属性。例如，性别、年龄、地域、兴趣等，如图 7 – 10 所示。

图 7－7　视频内容中包含位置信息

图 7－8　蓝 V 认证企业帐号主页

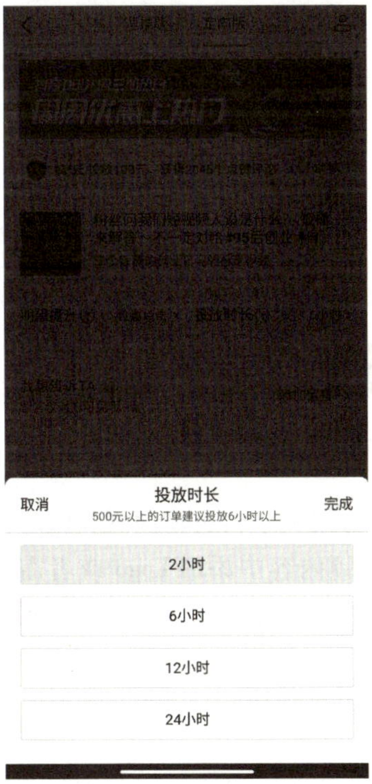


图 7－9　设置投放时长

图 7－10　自定义定向推荐

达人相似粉丝推荐则是推荐给与所添加达人帐号粉丝特征相似的用户，支持添加 20 个达人帐号，如图 7－11 所示。

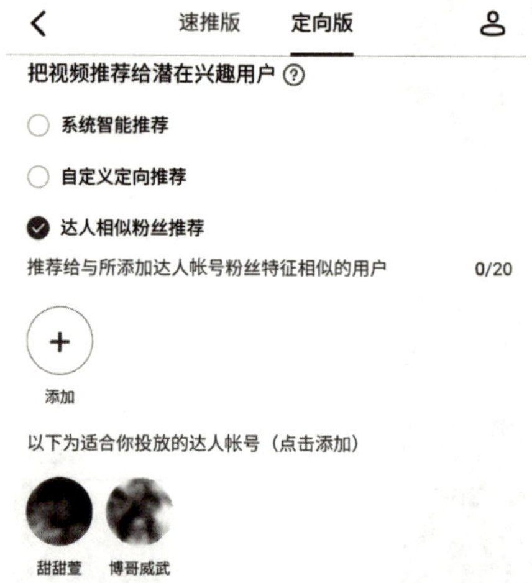


图 7－11　达人相似粉丝推荐

### 5. 设置视频投放金额

推广参数设置完成后，最后一步就是设置 DOU＋投放的费用，不同的费用所产生的推广效果会有所不同，图 7－12 所示为投放金额为 50DOU＋币预计获得的视频播放量提升。

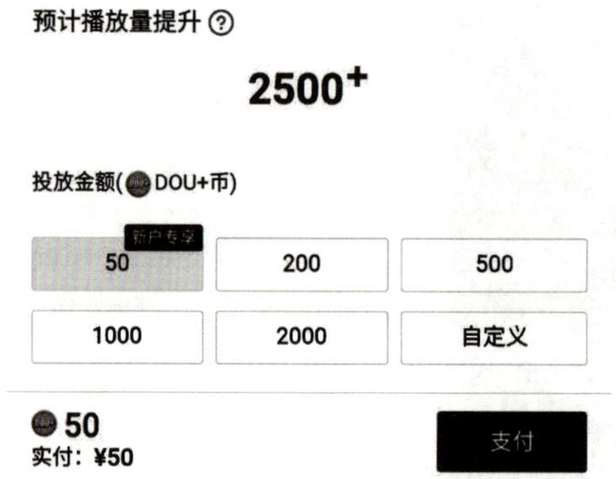


图 7－12　设置投放金额

除了以上 3 种主要的推广方式外，还可以通过第三方视频平台进行短视频帐号的推广引流。将制作好的视频内容发布到第三方平台，通过在视频内容中添加 Logo 或者需要推广的短视频帐号名称，即可实现推广信息的曝光。需要注意的是，在第三方平台上设置的头像和帐号名称要和短视频平台上设置的保持一致。

## 7.2　短视频内容运营

短视频帐号内容是帐号获取曝光和粉丝关注的关键。有的帐号发布一条视频内容能够获得较高的播放量，而有的帐号视频内容播放量却寥寥无几，这主要是在视频内容制作和发布时出现了问题。其实在短视频平台上发布内容有很多小的技巧和注意事项，本节以抖音平台为例，讲解如何发布视频内容才能获得更大的播放量。

### 7.2.1　抖音平台内容推荐机制

抖音平台对于用户发布的视频内容，有一套自己的算法和推荐机制，即将用户发布的内容按照视频效果分流量池进行推荐。具体解释为用户刚发布的视频内容会被放进一级流量池，如果视频内容在一级流量池用户反馈较好，即视频的完播率、点赞量、评论量都达到了相应的指标，则会被推荐到下一级流量池，从而获得更大的播放量。反之，如果视频在该级流量池用户反馈未达标，则视频不会再被继续推荐，这也就是为什么有些用户发布的视频内容播放量寥寥无几的原因。

因此在抖音平台上发布视频内容首先需要有一个明确的主题，即帐号中所有的视频内容都是关于同一个主题的。例如，帐号主题是关于美食制作的，那么帐号的视频内容就应该为各种美食制作的视频，而不能是关于餐具推荐的视频。之所以帐号中所有的视频内容都要和同一个主题相关，是因为这样更容易帮助平台判断帐号内容的主题，从而给帐号打上相应的标签，如图 7－13 所示。

图 7－13　给帐号打标签

系统给帐号打上标签后，会将视频内容推荐到对标签内容感兴趣的用户面前。这样因为内容被推荐到相关用户面前，只要视频内容质量较高，一般都会获得比较不错的用户反馈。

### 7.2.2　内容发布注意事项

在发布视频内容时，可以在视频内容发布界面对内容相关参数进行设置，从而提高视频的播放量。具体参数包括视频描述、视频话题、好友、视频封面、位置信息、相关热点等。

#### 1. 视频描述、添加话题、好友

视频描述即为视频添加一个能够吸引用户观看的标题，标题要能突出视频主题，同时要能吸引用户观看视频内容。在视频描述中可以为视频添加话题，抖音系统会根据视频内容推荐相关的话题，不同的话题对应不同的热度，如图 7－14 所示。

因此在选择视频话题时，尽量选择播放量高的话题，这样能够给视频内容带来更大的曝光。在视频描述中还可以@ 好友，这样可以让更多的好友看到视频内容。

#### 2. 视频封面

一个精美优质的视频封面能够极大地增加同城曝光，因此在设置视频封面时，尽量不要使用视频默认的封面，应该对视频封面进行重新设计，使视频封面主体突出，并且在视频封面中设置与内容相关的标题，如图 7－15 所示。

如果帐号中存在多个作品，在制作视频封面时尽量保证各作品封面风格同一，也可以将同一系列的视频封面设置成一组风格，或是制作拼图封面的效果，如图 7－16 所示。

图7-14 话题

图7-15 视频封面

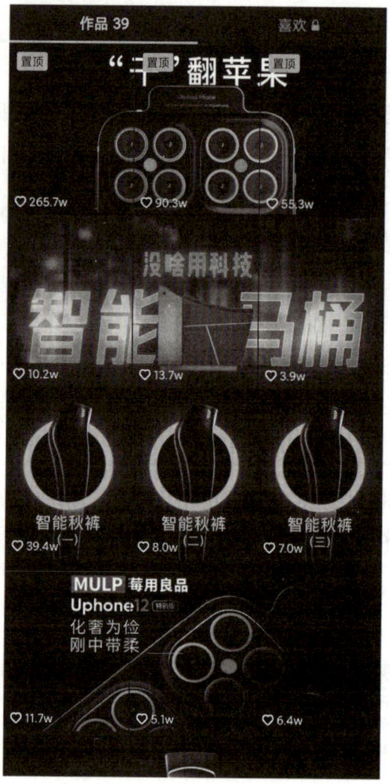


图7-16 视频封面案例

3. 添加标签

通过添加标签的方式可以在视频内容中插入相关位置或小程序。在视频内容中插入位置标签能够让更多的人看到视频内容，如图 7－17 所示。

图 7－17　插入位置标签

4. 申请关联热点

申请关联热点即可以在视频发布时关联当前平台上的热点，如图 7－18 所示。不同的热点用户关注的程度不同，因此在关联热点时，尽量选择和视频内容相关且用户关注度较高的热点，这样能够让视频获得更高的播放量。

除此之外，还可以将视频内容同步到西瓜视频和今日头条两个平台上，打开同步到其他平台按钮即可同步视频内容，如图 7－19 所示。

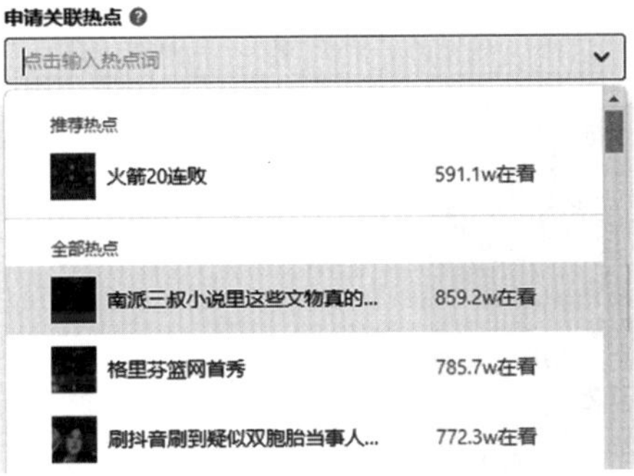


图 7－18　申请关联热点

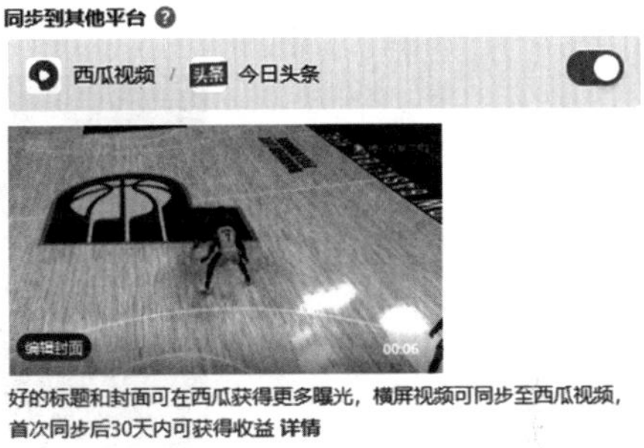


图 7－19　同步视频到其他平台

### 7.2.3　内容更新时间及频率

视频的更新频率和发布时间也会对视频的曝光产生影响，有规律的更新视频内容和定时定点发布视频内容能够培养用户观看的习惯。因此创作视频内容时，需要提前确定帐号内容更新的频率以及发布的时段。根据相关统计得知，每两天或每三天发布一条视频内容能够有效保持帐号和粉丝的黏度，晚上 7 点至 10 点是内容发布的黄金时段，此时用户活跃度较高，发布的内容更容易被用户看到。

## 7.3　帐号粉丝的维护

粉丝是帐号生存的根基，同时也是帐号收入的来源。因此在帐号运营的过程中，需要分阶段对帐号的粉丝进行针对性的维护，这样才能提升粉丝的体验感和活跃度，从而为帐号创造更大的价值。

1. 消息必回

消息必回是最简单也是最基础的粉丝维护方式，当粉丝对帐号内容感兴趣或有话想说的时候，一般会在视频评论区进行留言。帐号运营者看到粉丝留言后，需要尽可能地做到积极回复，这样能够给粉丝一种被重视的感觉，久而久之能够建立粉丝和帐号之间的情感，从而变成忠实粉。

在帐号运营初期，及时且认真回复粉丝消息是非常有必要的。因为这个阶段帐号作品的曝光量较低，需要更多的用户进行转发和宣传。同时，积极回复粉丝的消息也能有效提高作品的互动率，从而使内容获得平台更多的推荐与曝光。

### 2. 收集粉丝话题

当粉丝与帐号产生一定黏性后，粉丝会通过评论的方式在评论区中发表自己的看法或提出问题，及时查看粉丝的评论并将评论中共性或突出的问题进行总结，然后围绕问题专门录制一期视频，这样不仅丰富了帐号的视频内容，同时也满足了粉丝的需求，并且给粉丝一种很受重视的感觉。

### 3. 视频结尾话题讨论

在视频内容结尾设置开放性的话题引导粉丝参与讨论，也是一种常见的粉丝维护技巧。具体操作方式为在视频结尾处抛出开放性的话题或在评论区将开放性的话题置顶，如图 7－20 所示，让粉丝通过录制视频或留言的方式参与讨论，然后由博主从粉丝上传的视频或发布的评论中，选取质量较高的内容给予奖励。这样不仅提高了粉丝的参与感，增强了与粉丝的黏性，同时也提高了视频内容的互动率。

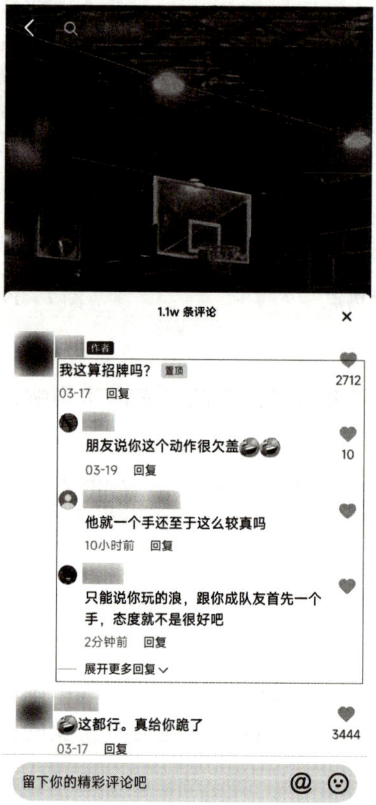


**图 7－20　通过在评论区置顶开放性话题引导用户进行讨论**

#### 4. 私信领取福利

给粉丝发放福利也是一种有效的粉丝维护方式，这种方式可以在帐号运营初期快速完成原始粉丝的积累。具体操作方式为在视频内容或帐号主页描述中告知粉丝，关注帐号并通过私信回复相关内容即可获得对应福利。

例如，一个关于设计的帐号，可以将日常设计时常用的素材作为福利内容。由于短视频平台的限制或福利文件大小的原因，一般会将福利放置在另外一个媒介中，例如，云盘或公众号中。因此使用这种方式不但能够完成帐号粉丝的积累，同时也能为其他平台的帐号进行引流。使用这种方式时需要注意福利的质量，即赠送的福利对于粉丝来说要有一定的价值，不然会适得其反。

## 7.4　帐号数据统计及分析

数据统计和分析是运营短视频帐号时一项重要的工作内容，通过数据统计和分析能够及时发现帐号运营时存在的问题或不足，例如，通过数据统计和分析发现帐号视频内容的完播率较低，则在后期帐号运营的过程中重点解决视频内容完播率的问题。对帐号进行数据统计和分析除了能够发现运营时存在的问题，还能挖掘帐号运营时的亮点。例如，帐号视频内容增粉效果不错，则说明用户对于帐号创作的内容比较认可，并且希望持续看到相关的视频内容。那么在后期帐号运营的过程中，可以将内容创作的思路和标准沿用到其他视频内容创作中，从而创作出更多的优质视频内容。

数据统计和分析是短视频帐号运营者的眼睛，在实际运营时需要对短视频帐号的各项数据指标进行统计和分析。以抖音平台为例，需要统计的数据指标包括帐号诊断类指标、视频表现类指标、播放诊断类指标以及受众信息类指标，不同数据指标的变化会传递给运营者不同的信息，作为短视频运营人员，需要能够读懂数据背后表达的信息，从而及时对帐号运营的策略和方式进行调整。

下面以抖音平台为例，详细讲解各类数据指标的含义。

### 7.4.1　帐号诊断类指标

帐号诊断类指标即与帐号相关的数据指标，具体包括“投稿数”“互动指数”“视频播放量”“视频完播率”和“粉丝净增量”。

#### 1. 投稿数

投稿数即在一个统计周期内帐号发布作品的个数，例如，帐号投稿数为 5，则说明在某个统计周期内帐号成功发布过 5 个作品。在抖音创作服务平台中点击“数据总览”，能够看到更为具体的关于投稿数的信息，如图 7－21 所示。

在实际运营时，影响投稿数的因素主要有“创作频率”“创作效率”和“视频过审情况”等。

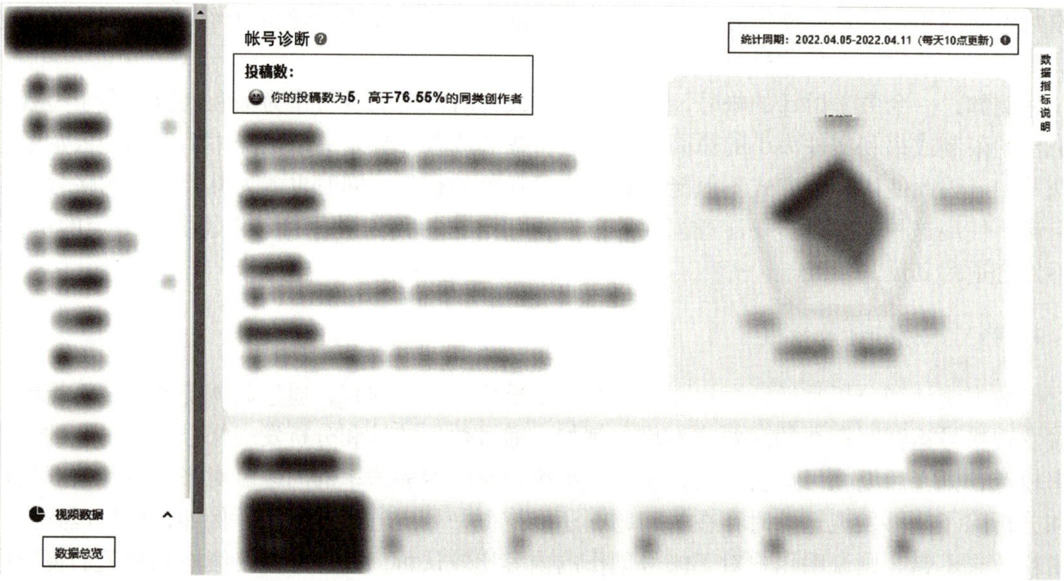


**图 7－21 帐号投稿数相关数据统计**

> **知识加油站**
>
> **创作频率：** 即视频创作的周期，不同类型的视频创作的周期有所不同。理论上来说，视频创作的周期越短，创作出的视频数量越多。
>
> **创作效率：** 即创作一条视频所需的时间，不同类型的视频创作的效率有所不同。理论上来说，视频创作的效率越高，创作出的视频数量越多。
>
> **视频过审情况：** 即创作出的视频内容能否通过系统的审核，未通过系统审核的视频内容是无法被用户查看的。

### 2. 互动指数

互动指数即帐号作品的观看、点赞、评论和转发的综合得分，互动指数越高说明帐号作品被用户观看、点赞、评论和转发的次数越高。在抖音创作服务平台中点击“数据总览”按钮，能够看到更为具体的关于互动指数的信息，如图 7－22 所示。

帐号互动指数越高说明帐号作品的质量越高，用户对于帐号内容越认可。互动指数越高的作品越容易被系统推荐，从而获得大量的曝光。因此在创作视频内容时，需要考虑如何提高视频内容的互动指数。

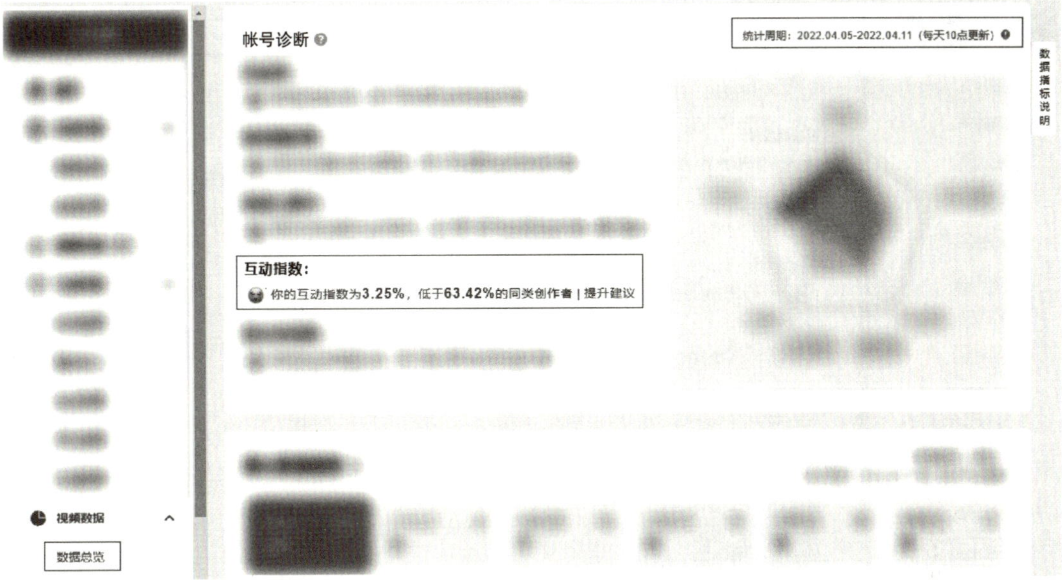


图 7－22　帐号互动指数相关数据统计

**知识加油站**

**互动指数具体影响因素说明**

| 影响因素 | 影响效果 |
| --- | --- |
| 视频的观看量 | 理论上来说，视频的观看量越高，视频被推荐的可能性越大 |
| 视频的点赞量 | 理论上来说，视频的点赞量越高，视频被推荐的可能性越大 |
| 视频的评论量 | 理论上来说，视频的评论量越高，视频被推荐的可能性越大 |
| 视频的转发量 | 理论上来说，视频的转发量越高，视频被推荐的可能性越大 |

### 3. 视频播放量

视频播放量即作品被观看的次数，视频播放量越高说明作品被用户观看的次数越多。在抖音创作服务平台中点击“数据总览”按钮，能够看到更为具体的关于视频播放量的信息，如图 7－23 所示。

根据抖音平台的算法，影响视频播放量的因素主要可以分为“视频内容质量”“视频标题”“视频封面”“视频发布时间”以及“视频关联热点”等，其中“视频内容质量”为主要影响因素。因此，要想帐号视频内容获得较高的播放量，主要还是需要提高视频内容的质量。

### 4. 视频完播率

视频完播率即帐号作品完整播放次数的占比，其计算公式为“完整播放次数/播放次数 × 100%”。视频完播率越高，说明视频内容越受目标用户的喜欢。在抖音创作服务平台中点击“数据总览”按钮，能够看到更为具体的关于视频完播率的信息，如图 7－24 所示。

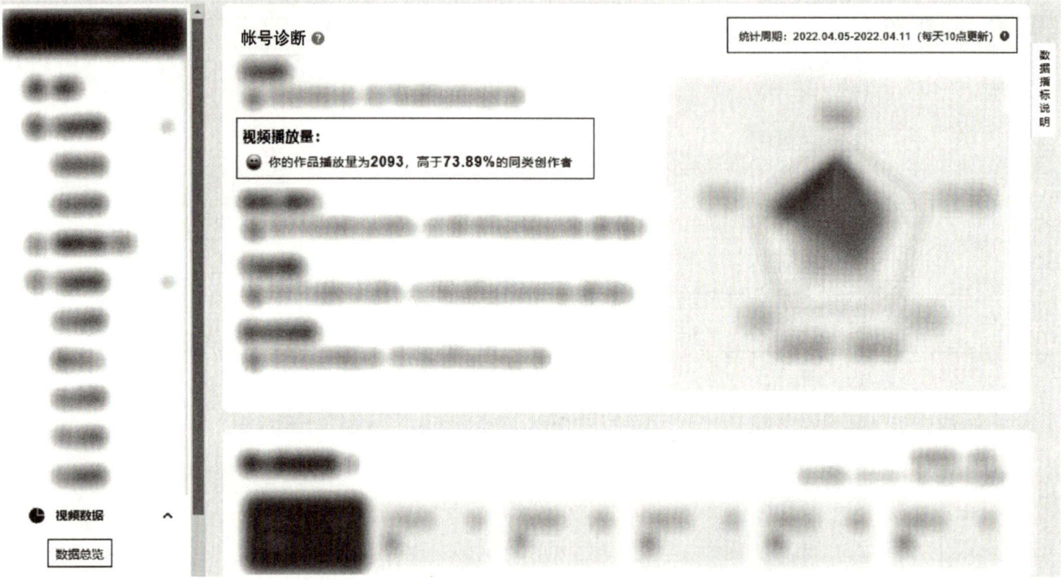


图 7－23　帐号视频播放量相关数据统计

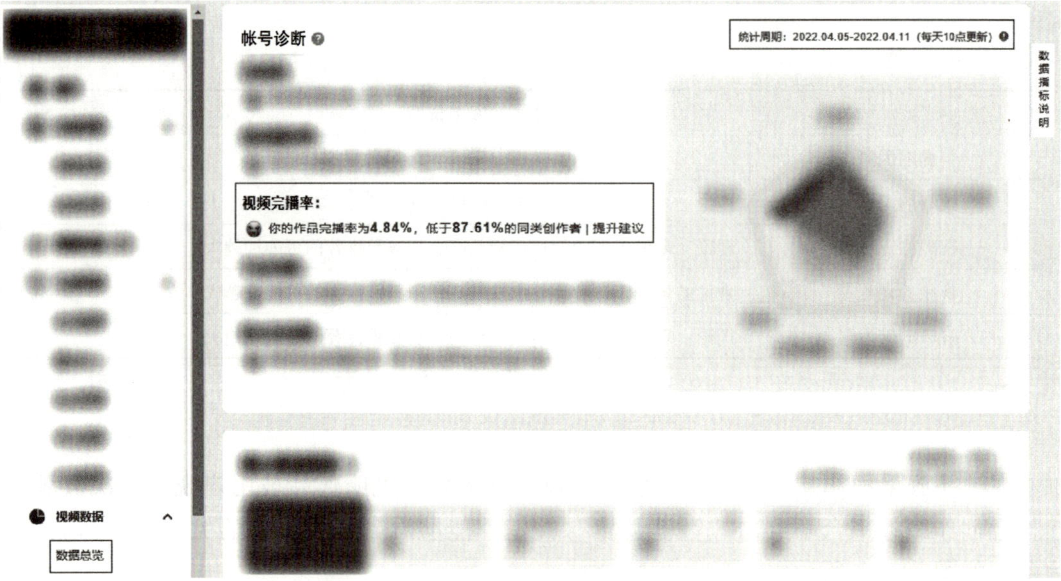


图 7－24　帐号视频完播率相关数据统计

根据抖音平台的算法，视频完播率越高，视频越容易上热门。因此在创作视频内容时，需要尽可能地提高视频的完播率。视频完播率主要受“视频内容质量”和“视频时长”的影响，视频内容质量主要是指视频内容对用户是否有价值，视频内容的呈现方式是否受用户喜欢等。视频时长主要是指视频内容的总时长，理论上来说视频时长越短，视频的完播率越高。在实际运营时，不能为了提高视频的完播率，一味地缩短视频时长。过短的视频时长有可能导致视频内容无法完整的呈现，从而影响视频内容质量。

5. 粉丝净增量

粉丝净增量即帐号净增粉丝数，其计算公式为“帐号涨粉数 - 帐号掉粉数”。粉丝净增量越高说明帐号创作的视频内容越受用户认可。在抖音创作服务平台中点击“数据总览”按钮，能够看到更为具体的关于粉丝净增量的信息，如图 7 - 25 所示。

**图 7 - 25　帐号粉丝净增量相关数据统计**

通过粉丝净增量能够在一定程度上判断帐号是否具有持续输出有价值内容的能力。用户关注帐号行为的背后，其实是用户希望持续从帐号中获取有价值内容的体现。如果帐号的粉丝净增量为负数，则说明帐号目前创作的视频内容质量不符合目标用户的需求，需要及时进行调整。

### 7.4.2　视频表现类指标

视频表现类指标即与视频内容相关的数据指标，具体包括“视频点赞量”“视频分享量”“视频评论量”“主页访问量”“取关粉丝量”“帐号搜索量”和“作品搜索量”。

1. 视频点赞量

视频点赞量即作品获得点赞的次数。视频的点赞量越高，说明视频内容的质量越高，越受目标用户的喜欢。在抖音创作服务平台中点击“作品数据”按钮，能够查看帐号下每条视频内容的点赞量，如图 7 - 26 所示。

用户之所以会对视频内容点赞是源于对视频内容传递价值的认可。不同类型的视频内容，传递给用户的价值也有所不同。例如，搞笑类的帐号，传递给用户的价值是欢乐；知识类的帐号，传递给用户的是技能或经验；种草类的帐号，传递给用户的是便宜且实用的好物。因此，在实际创作视频内容时，需要根据自己所处赛道目标用户的痛点进行创作，只有这样创作出来的视频内容才能获得用户的认可，从而获得较高的点赞量。

图 7－26　视频点赞量相关数据统计

## 2. 视频分享量

视频分享量即作品获得分享的次数。视频的分享量越高，说明用户对视频内容越认可，并且还希望分享给身边的朋友进行观看。在抖音创作服务平台中点击“作品数据”按钮，能够查看帐号下每条视频内容的分享量，如图 7－27 所示。

图 7－27　视频分享量相关数据统计

用户分享视频行为的背后，其实是对视频内容认可的一种体现。因此，要想提高视频内容的分享量，同样也需要围绕目标用户的痛点来创作视频内容。当然，除了视频内容本身会影响视频的分享量外，用户的使用习惯及分享意愿也会对视频分享量造成影响。

### 3. 视频评论量

视频评论量即作品获得评论的次数。视频的评论量越高，说明用户的参与度越高。在抖音创作服务平台中点击“作品数据”按钮，能够查看帐号下每条视频内容的评论量，如图 7－28 所示。

图 7－28　视频评论量相关数据统计

在实际运营时，可以通过在视频结尾处设置开放性话题，或在评论区置顶需要讨论的话题，来引导用户发表评论进行讨论，从而提高视频的评论量。从另一个角度而言，愿意发表评论的用户往往是较为活跃的用户，在进行帐号粉丝维护时，可以将这部分用户作为重点用户进行维护。

### 4. 主页访问量

主页访问量即观众访问创作者个人主页的次数。在视频播放界面中，点击帐号名称或帐号头像即可访问创作者个人主页。在抖音创作服务平台中点击“作品数据”按钮，能够查看帐号下每条视频内容的主页访问量，如图 7－29 所示。

观众之所以会访问创作者个人主页，目的是想要了解更多关于创作者的信息，或者是查看更多视频作品。因此，作为视频创作者可以通过个人主页描述或背景图来突出帐号的特点，如图 7－30 所示，从而吸引用户的关注。同时也需要为每一个视频制作清晰的视频封面，如图 7－31 所示，这样便于观众进入个人主页后更好地查看其他视频作品。

图 7－29　主页访问量相关数据统计

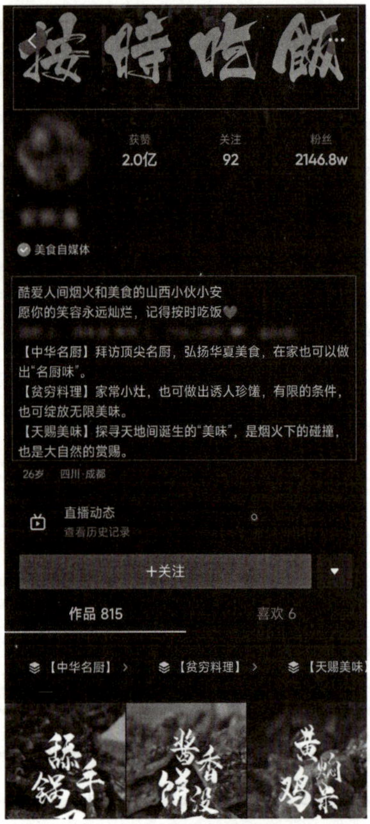


图 7－30　在个人主页中突出帐号特点

图 7－31　风格统一的视频封面

#### 5. 取关粉丝量

取关粉丝量即帐号取消关注的粉丝数量。粉丝之所以会取消关注可能是因为视频内容质量下降、创作风格发生变化、作品更新频率较慢、用户体验较差等。当帐号遇到大量粉丝取消关注时，需要从自身寻找原因。而如果只是少量粉丝取消关注则不必慌张，因为帐号粉丝数量是一个动态的数据指标，有新的粉丝关注就一定会有老的粉丝取消关注。

#### 6. 帐号搜索量

帐号搜索量即帐号在对应时间周期内的搜索曝光次数，帐号搜索量越高说明帐号被用户看到的可能性越大。一个帐号的搜索量主要由“帐号自身搜索量”和“帐号作品搜索量”两部分组成。

影响帐号自身搜索量的因素主要有帐号知名度、帐号名称中是否包含用户可能会搜索的关键词等。而影响帐号作品搜索量的因素主要包括帐号作品数量、作品标题中是否包含用户可能会搜索的关键词或话题等。因此想要提升帐号的搜索量，可以从帐号名称、视频标题、热门话题、作品数量等维度入手。

#### 7. 作品搜索量

作品搜索量即帐号的所有作品在对应时间周期内因搜索带来的播放量。作品搜索量越高，说明作品内容质量越高，作品标题优化的也越好。影响作品搜索量的因素主要有作品内容质量、作品标题或标题中包含的话题、作品数量、发布时间等。因此想要提升帐号作品的搜索量，可以从作品内容质量和作品标题入手。

### 7.4.3　播放诊断类指标

播放诊断类指标即与帐号视频内容播放相关的数据指标，具体包括“播放时长分布”“播放趋势”“作品点赞时间分布”“互动趋势”“吸粉趋势”和“商品点击”。

#### 1. 播放时长分布

播放时长分布主要用于反映在作品总的播放时长内，用户观看视频的持续程度。通过该指标可以精确了解视频内容对于用户的吸引程度，如图 7－32 所示，通过具体的数据统计能够清楚地看到对应视频作品每秒用户的留存率，结合行业大盘同时长作品的留存率，即可明确自身作品的质量以及需要优化的时刻。

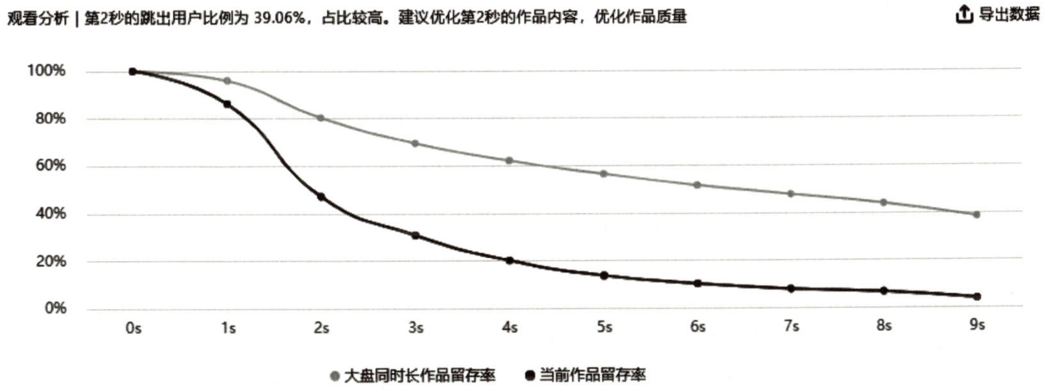


图 7－32　不同时刻用户的留存率

2. 播放趋势

播放趋势主要用于反映作品播放量、完播率随时间变化的趋势。在抖音创作服务平台中点击“作品数据”按钮，然后点击需要查看详情作品后方的“查看”按钮，在打开的页面中即可查看对应作品的播放趋势，如图 7－33 所示。

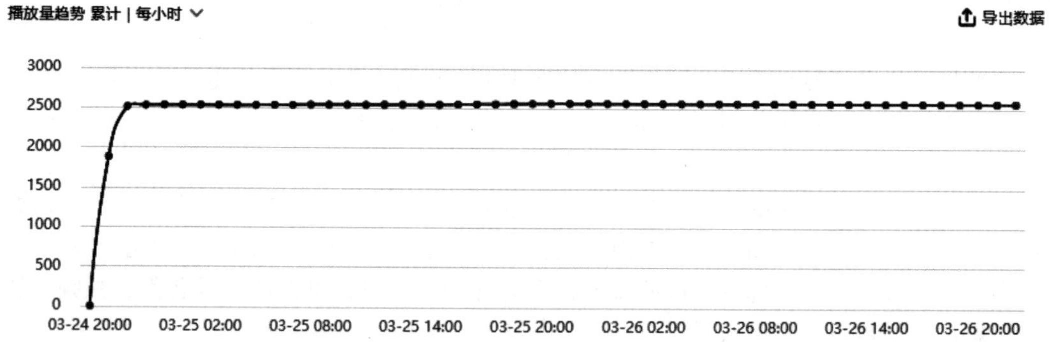


**图 7－33 查看作品播放趋势**

3. 作品点赞时间分布

作品点赞时间分布主要用于反映在作品播放的过程中，每一秒点赞作者的数量与所有观看用户之间的比值。如图 7－34 所示，通过查看对应作品的点赞分析，能够清楚地了解该作品在不同时刻点赞用户的比例，结合行业大盘同时长作品的点赞率，即可了解自身作品的质量以及需要优化的时刻。

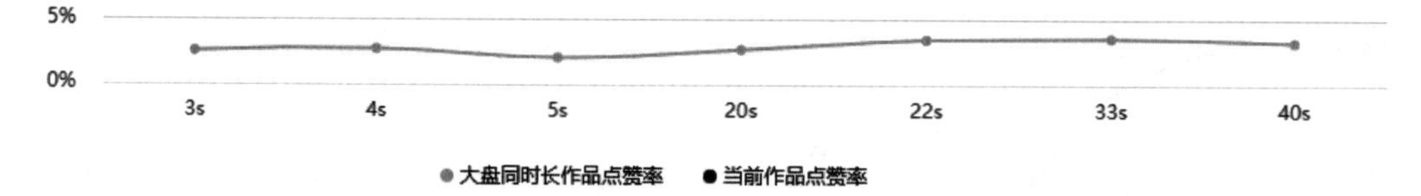


**图 7－34 查看作品点赞分析**

4. 互动趋势

互动趋势主要用于反映用户观看帐号作品时，是否产生了相应的互动行为。即用户看到帐号作品后，是否对该作品进行了点赞、评论或分享。作品被点赞、评论或分享的次数越多，越容易被系统判定为优质的视频内容。

5. 吸粉趋势

吸粉趋势主要用于反映作品带来的新增粉丝数量和帐号累积粉丝数量的变化。当某条作品带来大量新增粉丝时，可以分析该作品的创作思路、剪辑方式、文案编写等，从而发掘出吸引用户关注的点，然后将总结出的结论用于后期的视频内容创作中。

6. 商品点击

商品点击即视频中左下方购物车入口的点击量，商品点击次数越多，说明视频内容引导用户点击的效果越好。在实际运营时，可以分析商品点击较高的视频内容，找出其商品点击较高的原因，然后用于自身同类型视频内容的创作中。

### 7.4.4 受众信息类指标

受众信息类指标即观看帐号内容的用户相关的数据指标，具体包括“性别年龄”“地区分布”“终端机型”“活跃情况”和“兴趣分布”。

1. 性别年龄

性别年龄是指作品受众的性别与年龄，在抖音创作服务平台中点击“作品数据”按钮，然后点击需要查看详情作品后方的“查看”按钮，在打开的页面中点击“受众分析”按钮，即可查看作品对应受众的性别与年龄分布，如图 7－35 所示。

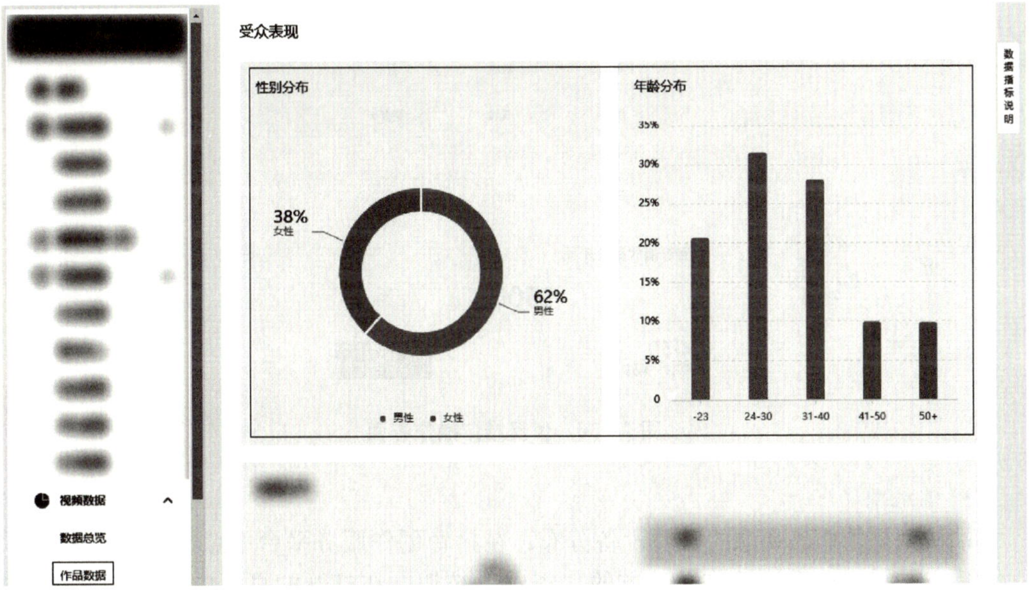


图 7－35　作品对应受众的性别与年龄分布

通过查看作品对应受众的性别与年龄分布，可以判断当初在对帐号进行定位时，目标用户画像分析得是否准确。如果查看到的实际受众性别与年龄和当初定位分析时的不一致，则需要根据实际的受众信息进行内容创作和推广方式上的调整，从而创作出更符合目标用户的视频内容。

2. 地区分布

地区分布是指作品受众的地区分布，在抖音创作服务平台中点击“作品数据”按钮，然后点击需要查看详情作品后方的“查看”按钮，在打开的页面中点击“受众分析”按钮，即可查看作品对应受众的地区分布。

通过查看对应受众的地区分布，可以了解创作出的作品比较受哪部分地区用户的欢迎。掌握受众的地区分布信息后，在作品进行付费推广时，可以选择相应的地域，如图 7－36 所示，从而使视频内容获得更多的曝光与浏览。

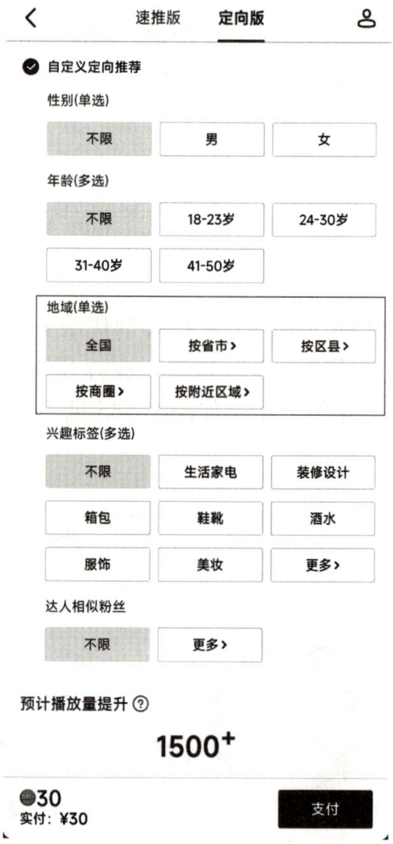


图 7－36　付费推广操作界面

### 3. 终端机型

终端机型是指作品受众的观看设备分布，在抖音创作服务平台中点击“作品数据”按钮，然后点击需要查看详情作品后方的“查看”按钮，在打开的页面中点击“受众分析”按钮，即可查看作品对应受众的终端机型，如图 7－37 所示。

由于不同设备屏幕尺寸各异的原因，会导致用户在不同设备上看到的视频画面也会有所不同。因此，在了解了占比较多的终端机型后，可以在创作视频内容时保证视频效果能够更好的在该类型终端设备上呈现，从而提升用户的浏览体验。

### 4. 活跃情况

活跃情况是指作品受众在抖音上的活跃情况分布，在抖音创作服务平台中点击“作品数据”按钮，然后点击需要查看详情作品后方的“查看”按钮，在打开的页面中点击“受众分析”按钮，即可查看作品对应受众的活跃情况，如图 7－38 所示。

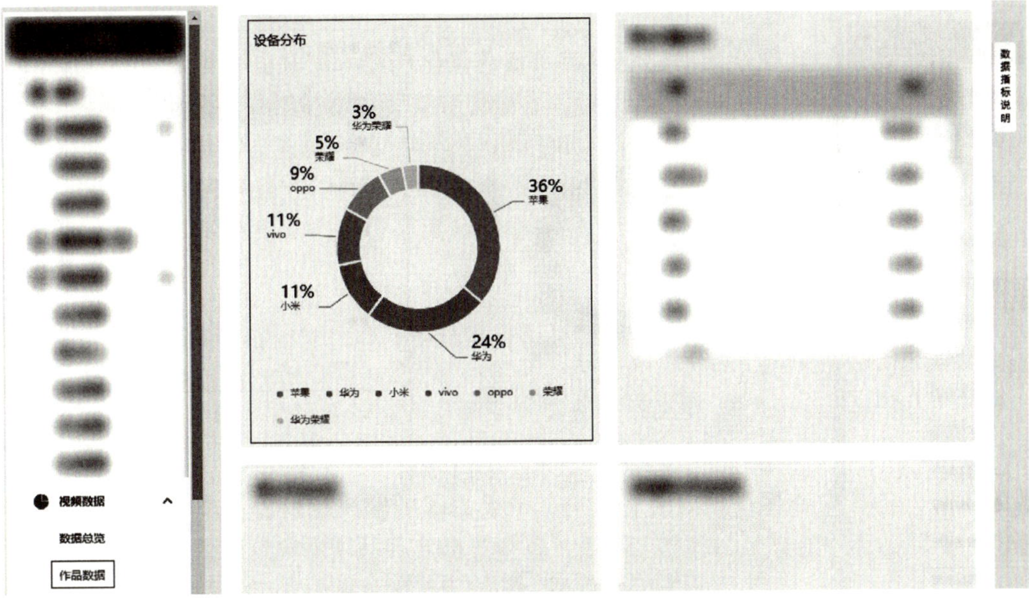


图 7 – 37　作品对应受众的终端机型

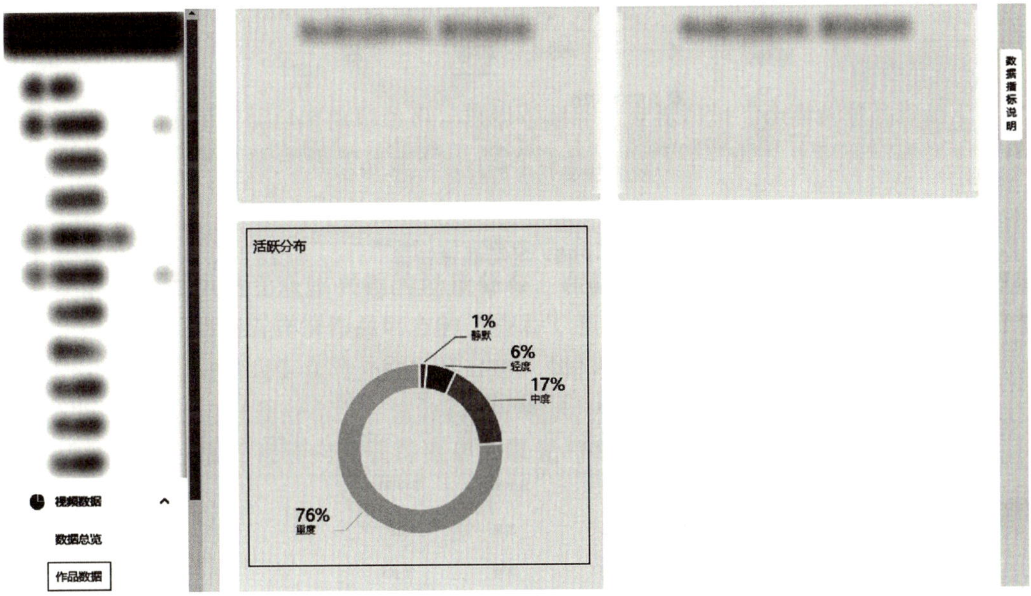


图 7 – 38　作品对应受众的活跃分布

5. 兴趣分布

兴趣分布是指作品受众感兴趣的场景分布，在抖音创作服务平台中点击“作品数据”按钮，然后点击需要查看详情作品后方的“查看”按钮，在打开的页面中点击“受众分析”按钮，即可查看作品对应受众的兴趣场景分布，如图 7 – 39 所示。

了解对应受众的兴趣分布后，可以在作品进行付费推广时，选择相应的兴趣标签，如图 7 – 40 所示，从而使视频内容获得更多的曝光与浏览。

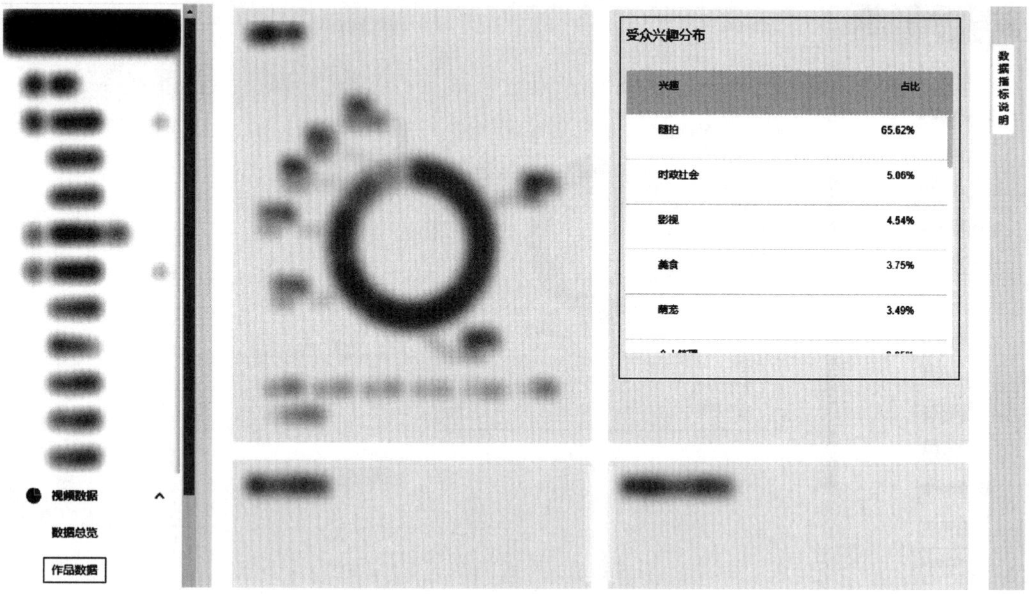


图7－39 作品对应受众的兴趣分布

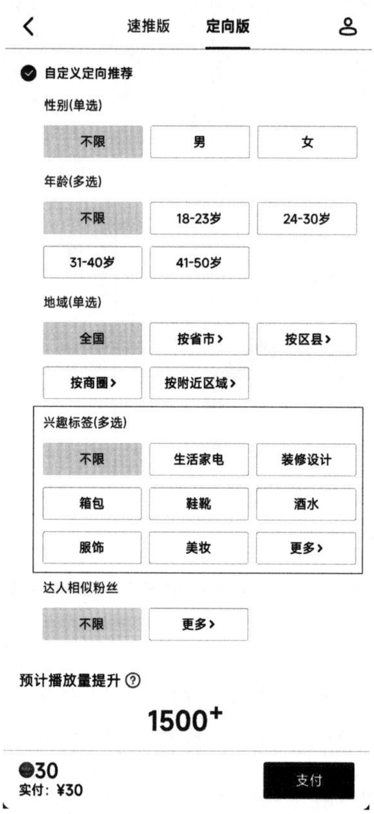


图7－40 付费推广操作界面

## 7.5　抖音创作服务平台

抖音创作服务平台是抖音官方为抖音创作者提供的专属服务平台，如图 7－41 所示，支持用户作为创作者和管理机构两种方式进行登录，并为创作者提供授权管理、内容管理、互动管理以及数据管理等服务，从而帮助抖音用户高效运营。

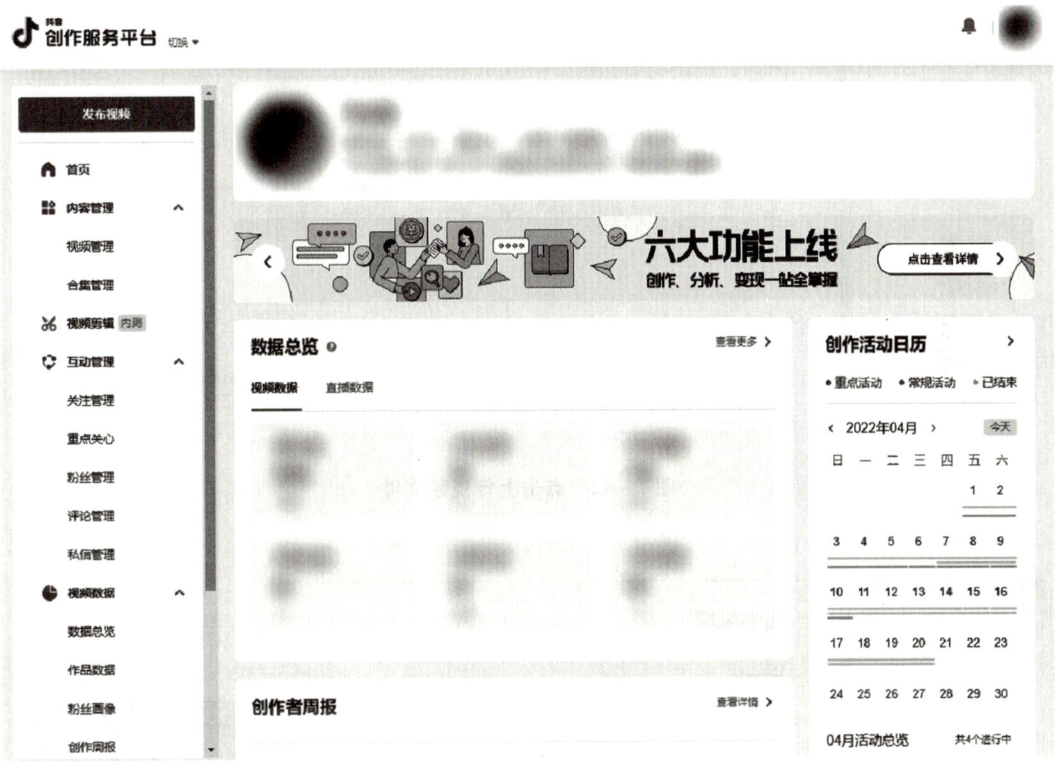


图 7－41　抖音创作服务平台首页

其中常用的功能模块主要有“发布视频”“内容管理”“互动管理”“视频数据”，下面详细进行讲解。

### 7.5.1　发布视频

在“发布视频”板块中可以上传和发布已经制作好的视频内容。点击左上角“发布视频”按钮，在打开的界面中点击上传，如图 7－42 所示，即可选择并上传对应的视频文件。

选择视频文件后会跳转到视频发布界面，如图 7－43 所示。在发布界面中可以编写视频的描述、设置视频的封面等。当视频文件需要在下班以后或节假日进行发布时，可以使用“定时发布”功能，如图 7－44 所示。在定时发布界面中可以选择需要定时发布的日期和具体时间。

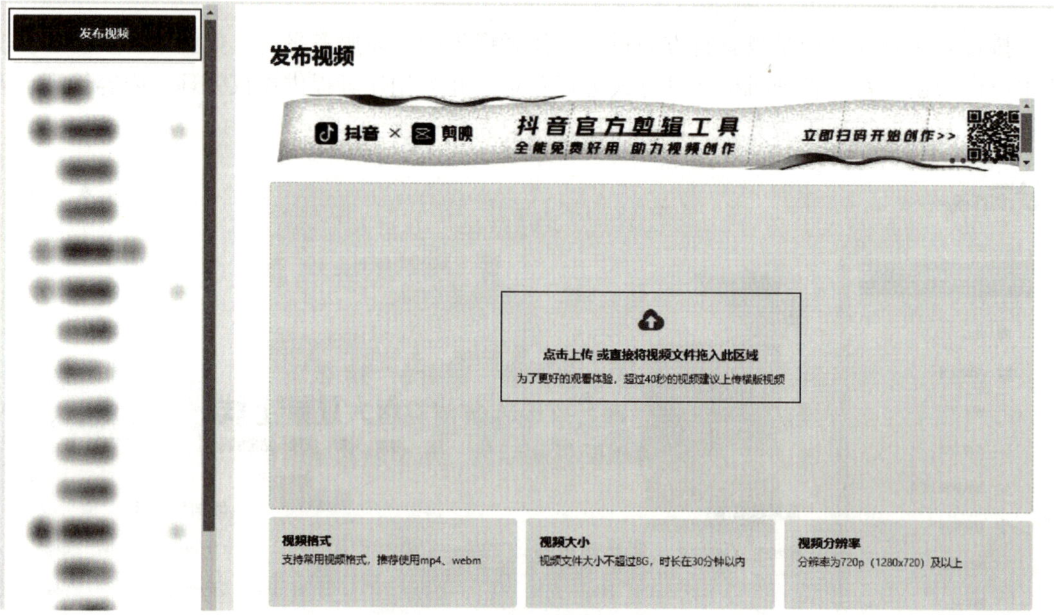


图7－42　点击上传视频文件

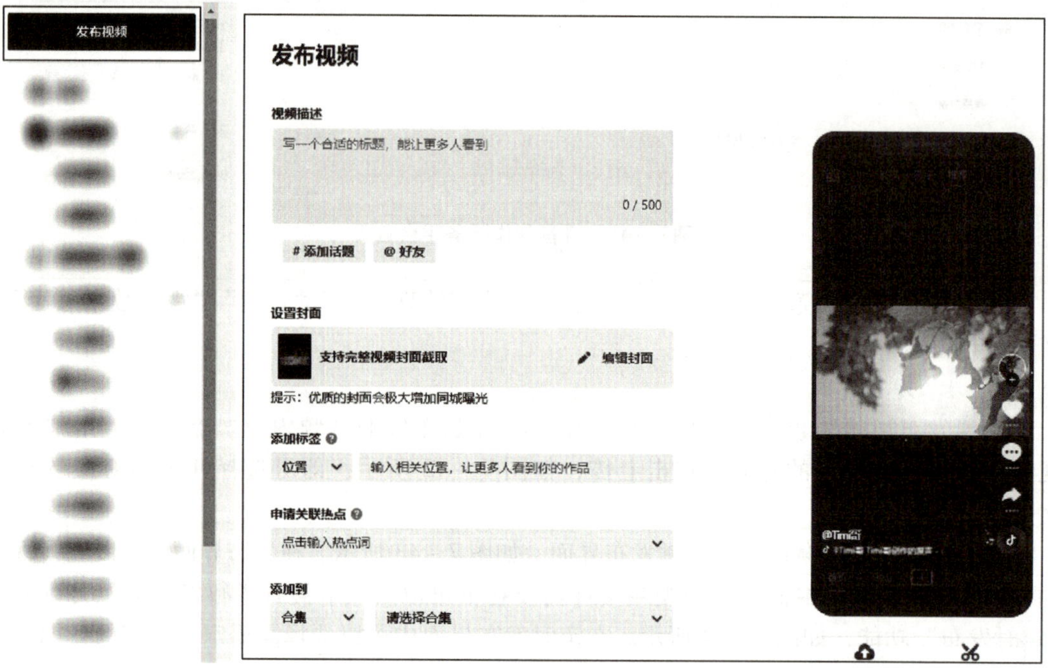


图7－43　视频发布界面

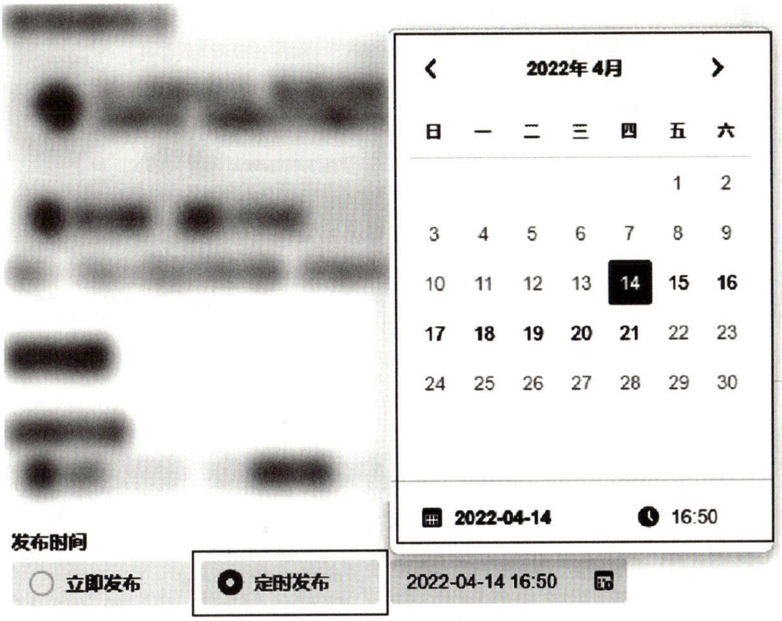


图 7－44　定时发布界面

### 7.5.2　内容管理

内容管理模块主要用来管理帐号中的视频内容，在内容管理模块中可以对单个视频内容进行管理，也可以为视频内容创建合集。点击“视频管理”菜单，在打开的页面中可以对单个视频进行“修改描述”“作品置顶”等操作，如图 7－45 所示。

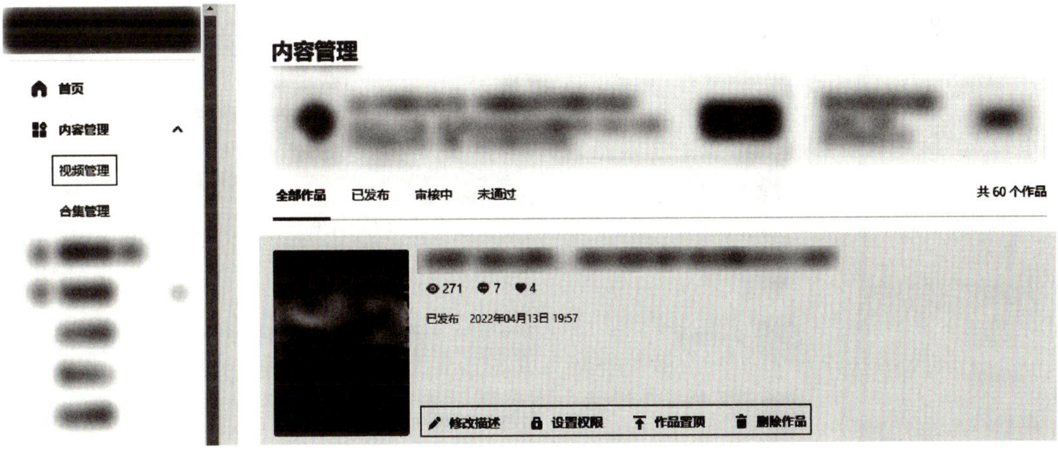


图 7－45　视频管理界面

点击“合集管理”菜单，可以为已发布的视频内容创建合集，将同一类视频文件进行统一管理。点击“自定义创建合集”按钮，在打开的界面中可以设置“合集标题”“合集简介”“合集封面”等内容，点击底部“添加作品”按钮可以选择需要添加至合集的视频内容，如图 7－46 所示。

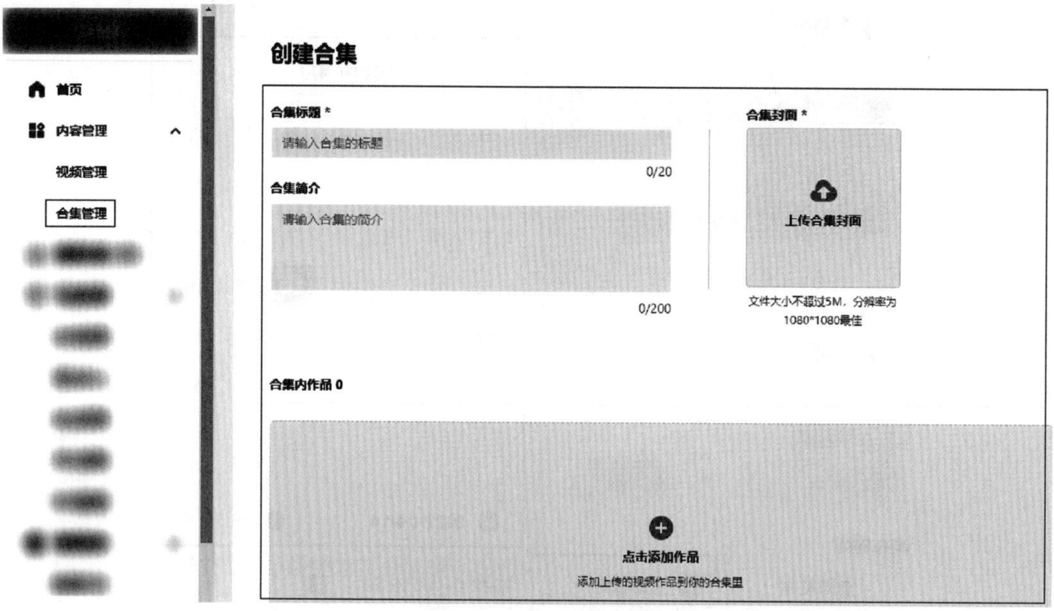


图 7－46　合集管理界面

### 7.5.3　互动管理

互动管理模块主要用来对帐号的粉丝、评论及私信进行管理。点击“关注管理”菜单，可以看到帐号关注的用户列表，如图 7－47 所示，点击列表右侧的“取消关注”按钮，可以对已关注的帐号取消关注。

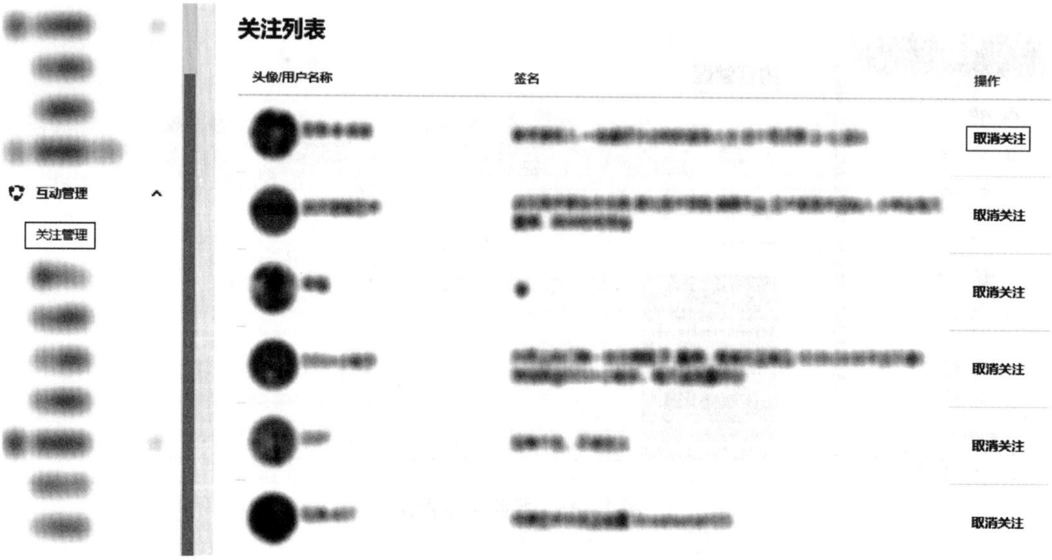


图 7－47　关注管理界面

点击“重点关心”菜单，可以在打开的界面中添加 10 个重点关心的帐号，目前系统仅支持添加 3 000 粉丝以上的抖音号。帐号添加完成后，可以在重点关心界面中看到对应帐号的昵称、发布内容数、昨日新增粉丝数等信息，如图 7－48 所示。

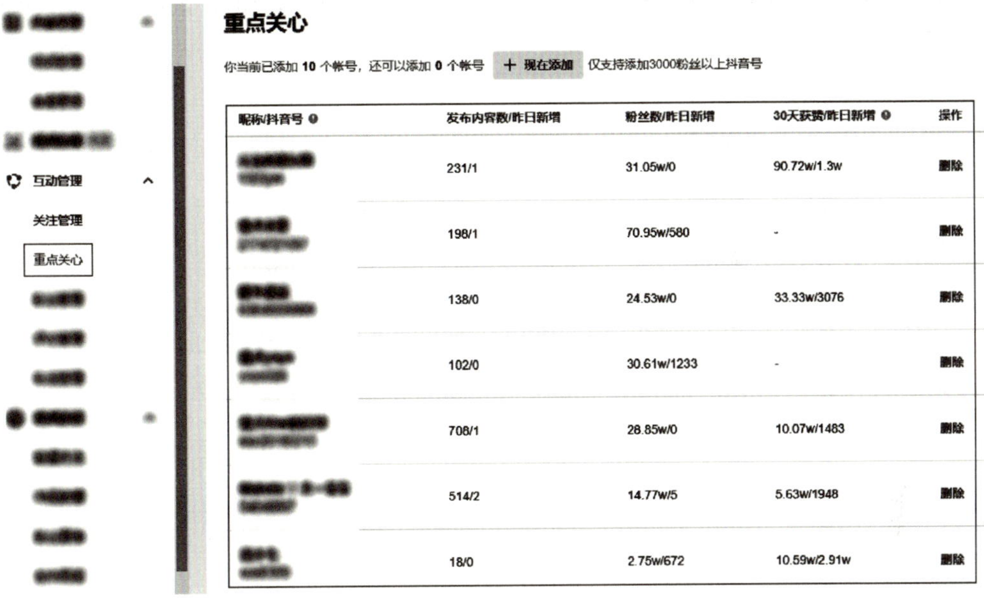


**图 7－48　重点关心界面**

重点关心模块主要用来添加竞争对手的帐号，通过了解竞争对手帐号内容创作的频率、粉丝增长的数量等信息，来制定和调整自身帐号的运营策略。

点击“粉丝管理”菜单，可以在打开的界面中看到帐号的粉丝列表，如图 7－49 所示。在粉丝列表中可以查看粉丝帐号与自身帐号的关系、互动分值等信息，在列表右侧操作选项中可以对粉丝进行关注和取消关注的操作。

**图 7－49　粉丝管理界面**

点击“评论管理”菜单，可以在打开的界面中看到对应视频的评论信息，如图 7 – 50 所示。在评论管理界面中，可以发布新的评论信息，也可以对用户的评论进行回复或删除等操作。

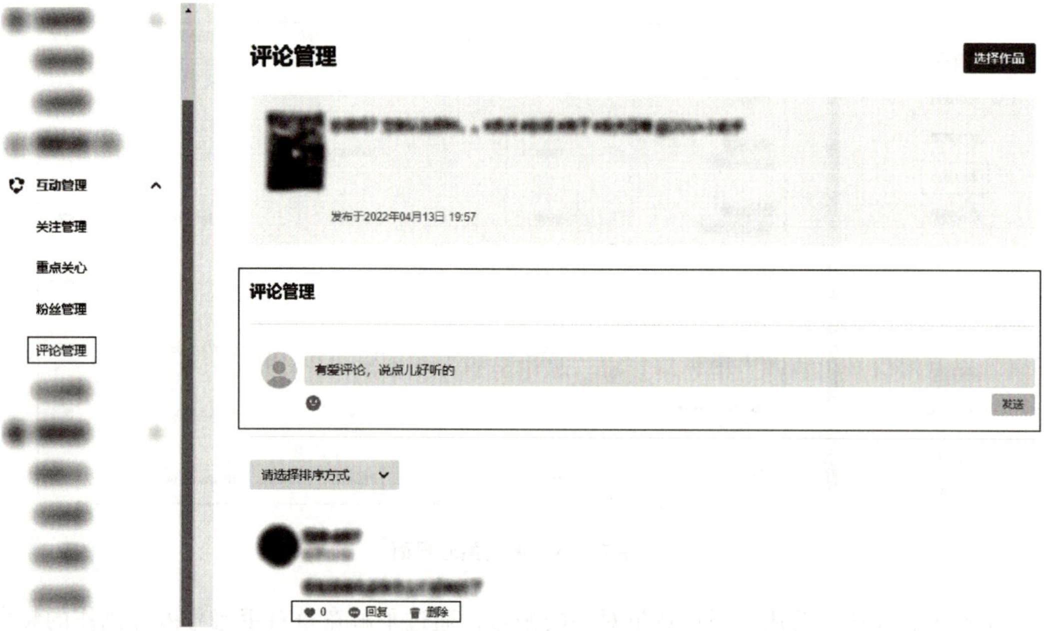


图 7 – 50　评论管理界面

点击“私信管理”菜单，可以在打开的界面中看到用户发送的私信，如图 7 – 51 所示。将鼠标移至私信内容上，可以对私信进行“置顶”“删除”等操作。

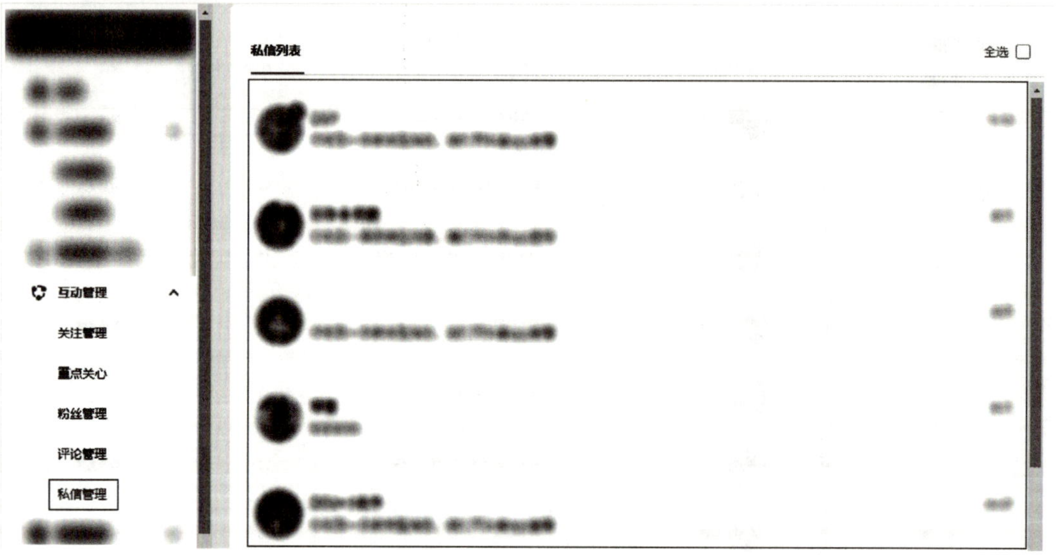


图 7 – 51　私信管理界面

### 7.5.4　视频数据

视频数据板块主要用来查看帐号整体播放数据以及单条作品相关数据。点击“数据总览”菜单，可以在打开的界面中查看“帐号诊断”信息以及“核心数据趋势”信息等。在帐号诊断信息中，可以查看当前帐号在一段统计周期内投稿数、视频播放量等具体的数据指标，并且右侧还通过五维雷达图的形式展现了自身帐号相关参数与同类作者的对比情况，如图 7 – 52 所示。

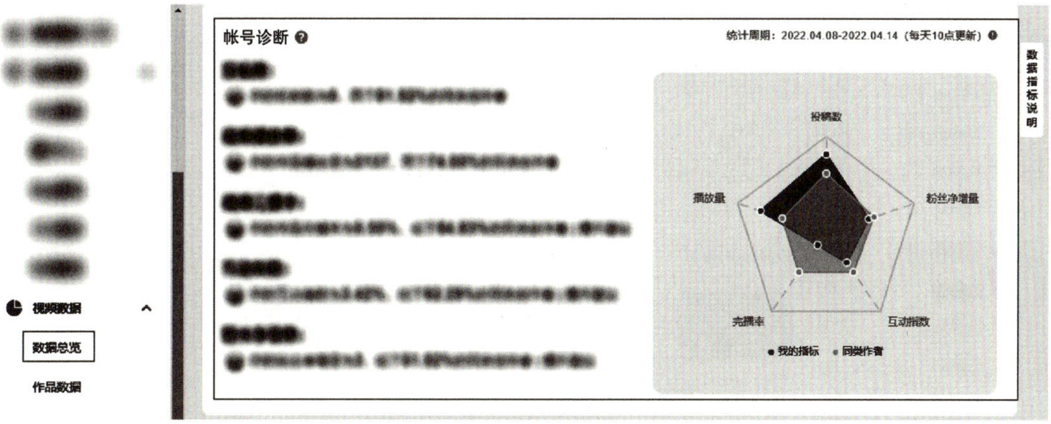


图 7 – 52　帐号诊断界面

在核心数据趋势信息中，可以查看选定时间段下帐号视频相关的核心数据，例如“播放量”“主页访问”“作品点赞”等，同时可以在右上角“时间选择”选项中选择查看数据的时间段，可以选择的时间段包括“昨日”“近 7 日”和“近 30 日”，当选择不同时间段时，对应的数据以及下方图表的内容会随着时间发生变化，如图 7 – 53 所示。

点击“粉丝画像”和“创作周报”菜单，分别可以查看帐号粉丝相关的属性以及近两个月内容创作的相关数据。

除了上述常用功能模块外，还可以通过“直播数据”板块查看帐号整体的直播数据以及单场的直播数据。当帐号内容创作遇到瓶颈缺乏灵感时，可以通过“创作灵感”板块寻找创作灵感和创作思路。点击“创作素材”菜单，可以在打开的界面中查看平台当前的热门视频，如图 7 – 54 所示。

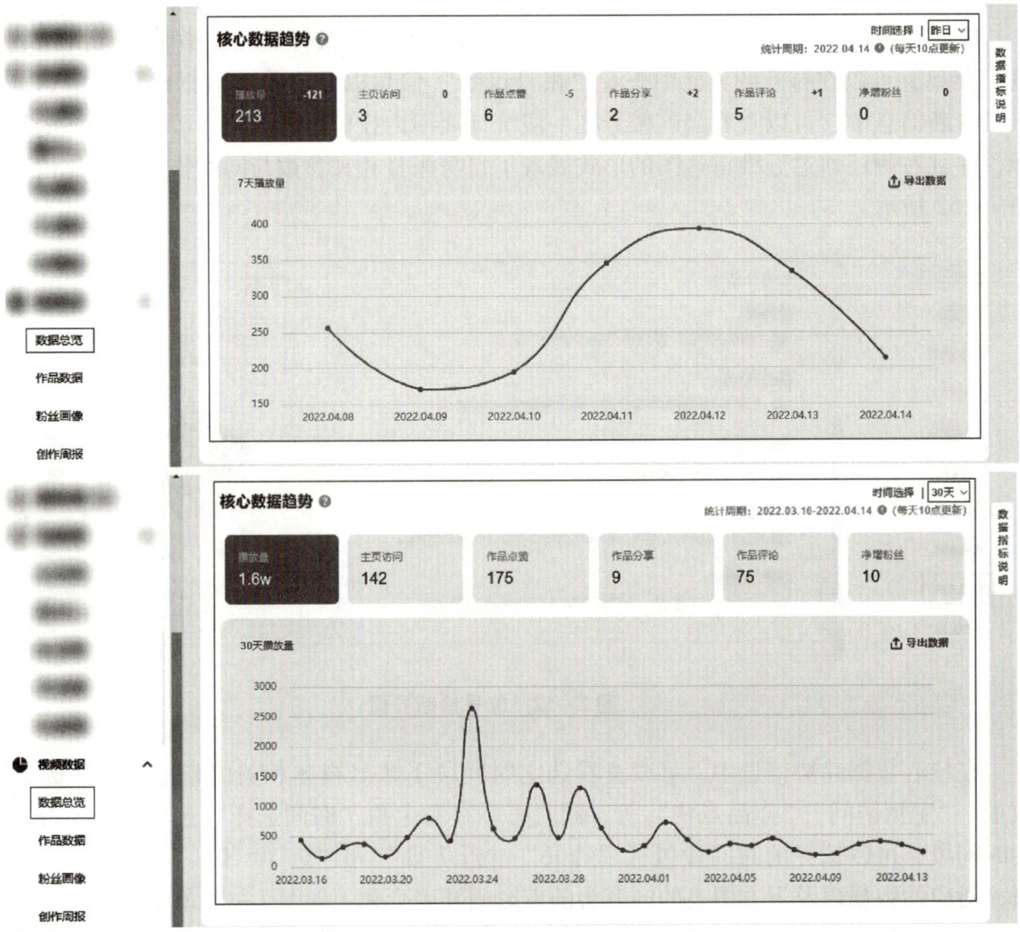


图 7－53　不同时间段下核心数据趋势的变化

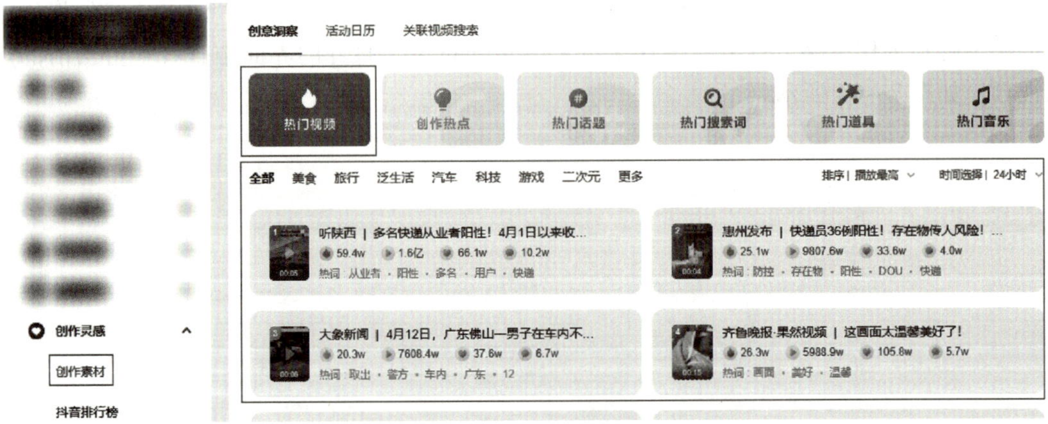


图 7－54　热门视频界面

如果想查看其他分类下的热门视频内容，可以点击“更多”按钮来展开分类，然后点击相应分类名称即可查看对应分类下的热门视频。如图 7 – 55 所示。在右侧“排序”和“时间选择”选项中，还可以按照不同维度对热门视频进行筛选，如图 7 – 56 所示。

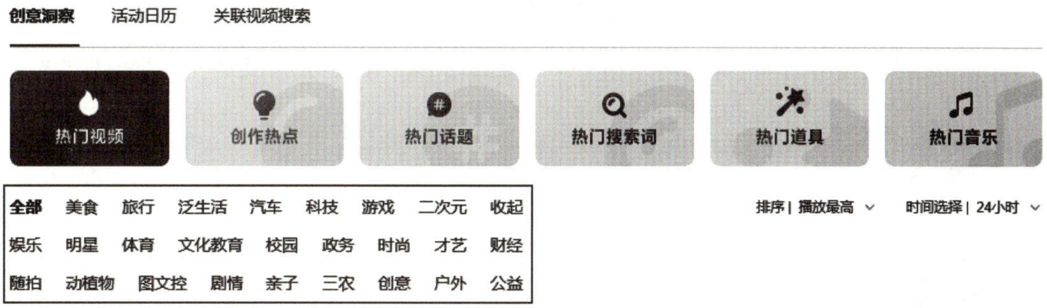


图 7 – 55　热门视频分类

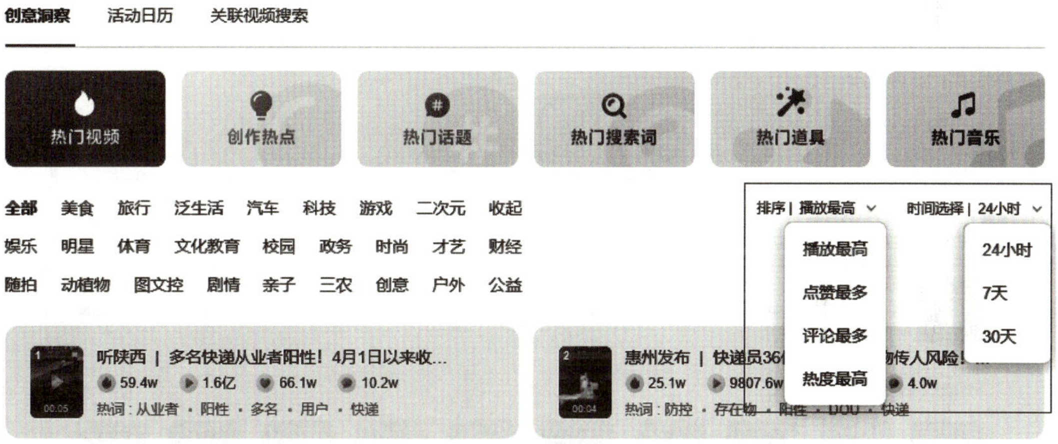


图 7 – 56　按照不同排序及时间维度对热门视频进行筛选

点击“创作热点”或“热门话题”等板块，可以在打开的界面中查看平台提供的创作热点和热门话题，并且还能通过热点或话题下方的数据指标，来了解热点或话题的具体热度，如图 7 – 57 所示。

点击相关热点或话题，可以在热点或话题下方查看平台推荐的相关视频，如图 7 – 58 所示，通过查看具体视频内容，能够了解和掌握视频内容具体的创作思路和呈现方式。

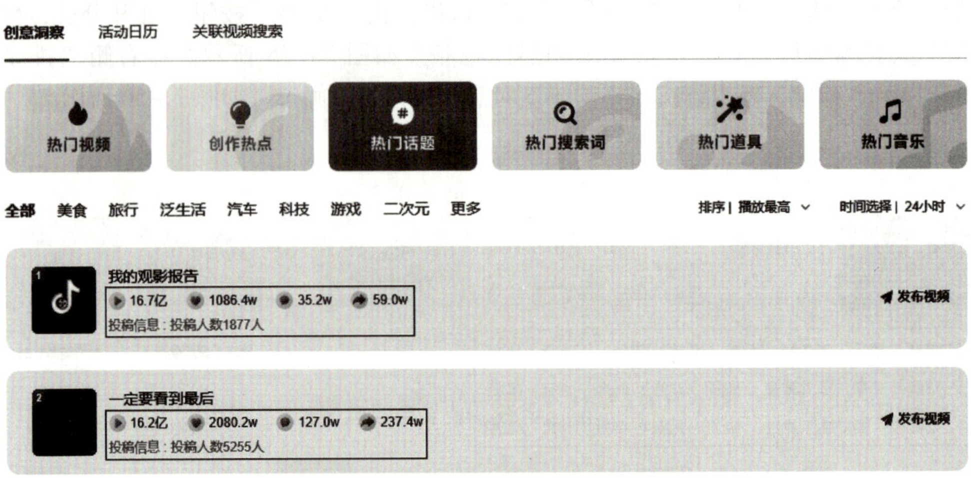


图 7－57 热门话题相关热度数据指标

图 7－58 热门话题相关视频

点击“活动日历”选项，在打开的界面中可以查看平台当月推出的主题活动，如图 7－59 所示。点击活动名称后，可以在右侧查看活动的相关详情，如图 7－60 所示，点击右上角“参与”按钮即可在“视频选择”界面中选择参加活动的视频内容，如图 7－61 所示。

图 7－59　活动日历界面

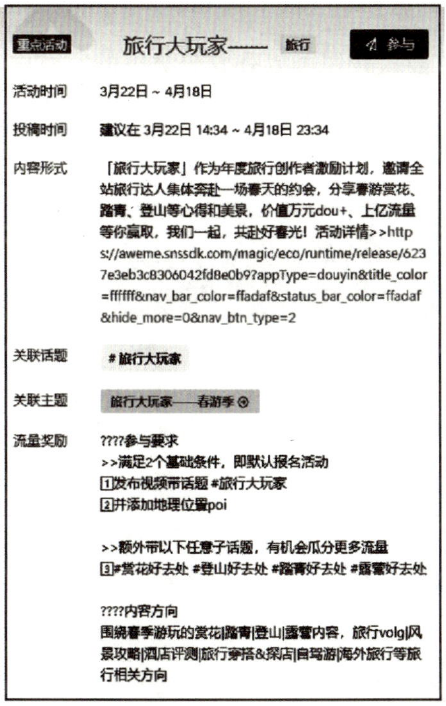


图 7－60　活动相关详情

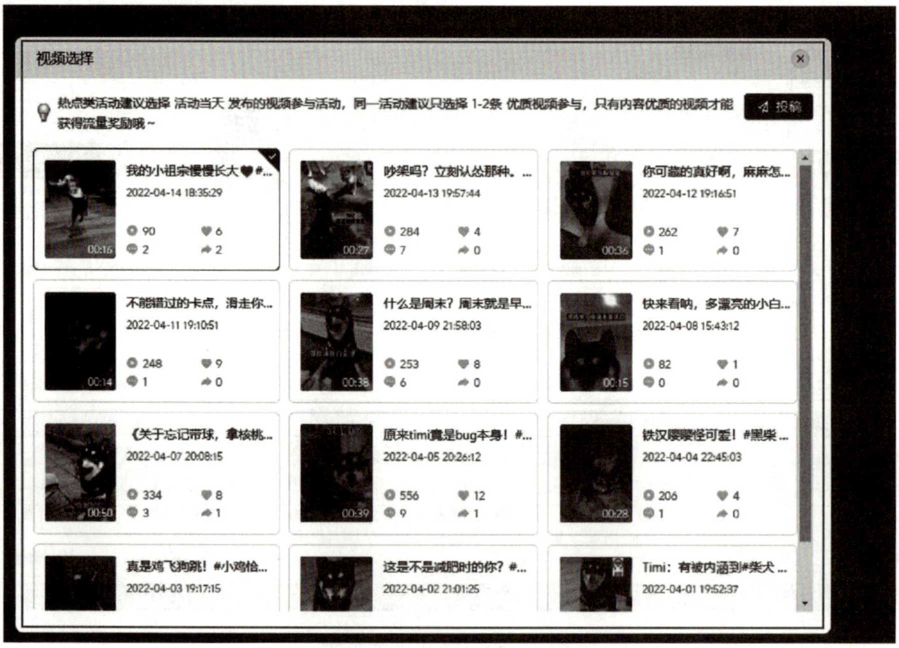


图 7－61　选择视频界面

点击“抖音排行榜”菜单，可以在打开的界面中查看不同分类下的热门帐号或内容，如图 7－62 所示。点击“更多”按钮可以查看分类下的完整内容和相关数据。以“音乐”分类为例，在更多界面中可以查看当前统计周期内热门歌曲的排名，以及对应歌曲的使用量和热度指数，如图 7－63 所示。

图 7－62　抖音排行榜

图 7－63　热门音乐排名

当运营帐号或创作内容遇到问题时，可以点击“创作者学习中心”菜单来获取相关解决方案。创作者学习中心是抖音平台为内容创作者提供的在线学习平台，课程内容从最初的新人入门到后期的帐号变现，涵盖了帐号运营过程中所需的全部知识和技巧，点击相应分类即可查看对应分类下的课程内容，如图 7－64 所示，还可以通过顶部搜索框直接搜索相关课程。

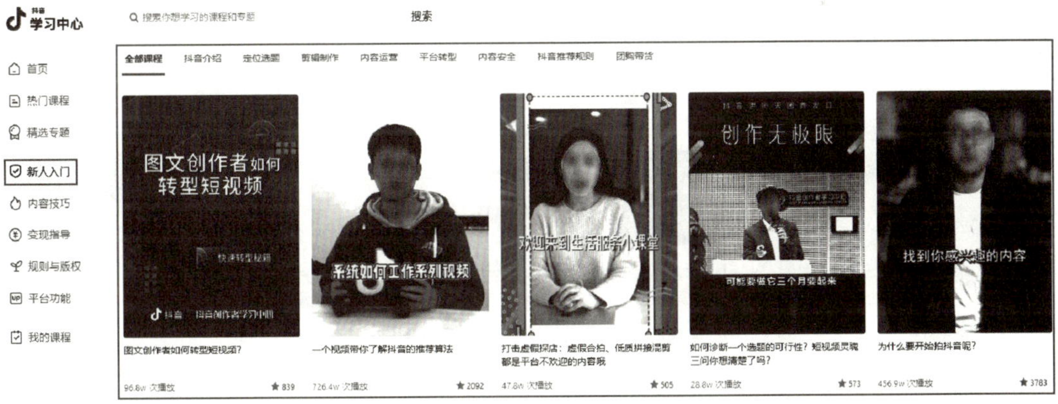


图 7－64　新人入门相关课程

点击“服务市场”菜单，在打开的界面中可以看到由抖音官方或其他服务商提供的服务内容，如图 7－65 所示。以“抖音热点宝”为例，点击服务内容会跳转至相应的服务订购页面，如图 7－66 所示。点击“立即使用”按钮后即可跳转至对应服务的使用界面，如图 7－67 所示。

图 7－65 服务市场界面

图 7－66 服务订购页面

图 7－67　服务使用界面

在“帮助中心”中可以查看抖音创作服务平台各功能板块的使用说明，如图 7－68 所示。如果遇到问题无法解决，也可以通过点击“联系我们”菜单查看官方客服的联系方式。

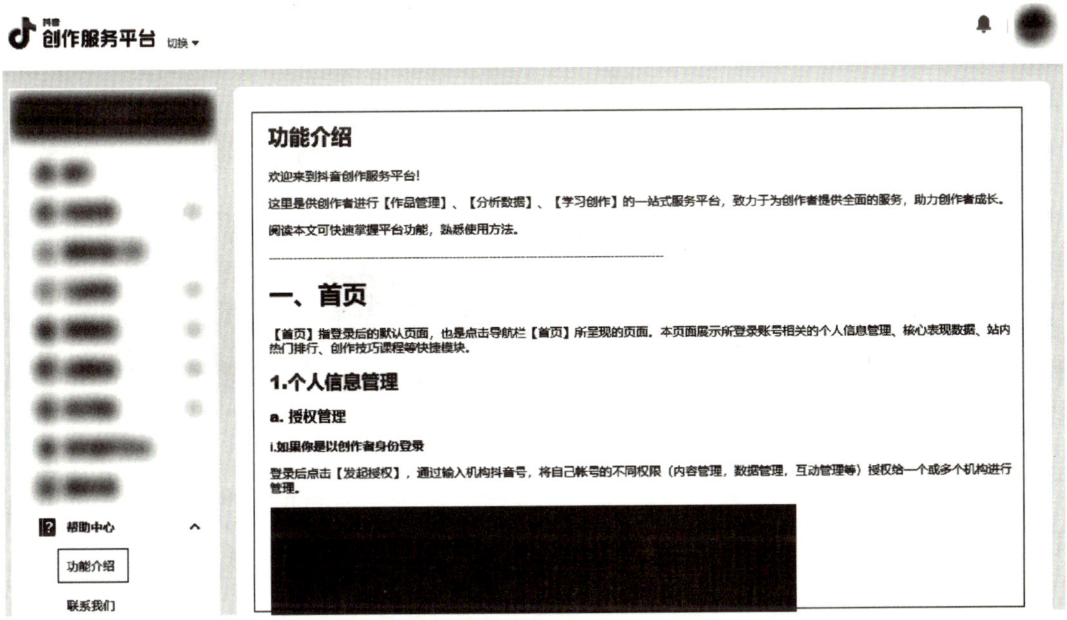


图 7－68　功能介绍界面

**思政案例**

图7－69所示为刘先生发表在“新片场”的个人独立创作完成的一段视频的截图。

图7－69 视频截图

原告刘先生是一名摄影爱好者。他起诉称，2018年1月，他个人独立创作完成一段与自驾和崇礼滑雪相关的视频，并于2018年1月28日以“摄影师刘先生”的名义将该视频发表在国内专业的影视创作人社区“新片场”（见图7－70），他本人对该视频依法享有著作权。

图7－70 视频发布

此后刘先生发现，自2018年3月开始，×条公司未经许可，擅自将其创作的涉案视频在×条公司运营的微信公众号“×条”及微博帐号“×条”上进行传播，且未署名作者。

刘先生认为，×条公司的做法侵害了其依法享有的署名权及信息网络传播权。×条公司将涉案视频用于为 WEW 汽车进行商业广告宣传，通过非法传播涉案视频实现违法所得，给他的合法权益造成重大损害，故提起诉讼，要求×条公司停止侵权行为，在其运营的微信公众号“×条”和微博帐号“×条”首页显著位置连续 15 天刊登致歉声明；赔偿刘先生经济损失 100 万元及律师费和公证费等合理开支 38 000 元。

×条公司答辩称，涉案视频是上海 LX 文化传媒有限公司提供，在×条公司发布前，WEW 公司微信公众号上就已发布相同内容的视频，×条公司不构成侵权；根据在案证据，无法确认刘先生是否享有涉案视频的著作权；该公司广告费根据影响力和效果收费，刘先生主张的经济损失及合理支出过高，无事实和法律依据；此外，广告投放不署名摄影师是行业惯例，×条公司是善意使用，不应赔礼道歉。综上，×条公司不同意刘先生的诉讼请求。

法院经审理认为，涉案视频由拍摄者使用专业摄像设备拍摄，并将多个拍摄素材剪辑组合而成。视频记载了驾驶某品牌新款汽车前往崇礼滑雪的系列画面，其中有对该款汽车整体外观、内部仪表盘、变速箱、后备箱感应启动等进行展示的特写画面，还有利用无人机拍摄驾驶该车行进的画面及崇礼雪景和滑雪画面等。视频的拍摄和剪辑体现了创作者的智力成果，涉案视频虽时长较短，但属于具有独创性的类电作品。

根据刘先生提交的相关证据，可以认定其系涉案视频的作者，享有涉案视频的著作权。此外，在案证据不足以证明×条公司使用涉案视频获得了刘先生的授权，刘先生要求×条公司赔礼道歉、赔偿经济损失及合理开支的诉讼请求，法院予以支持。

在关于经济损失的数额方面，法院认为，双方虽就此提交了相关证据，但均不足以证明刘先生的实际损失或×条公司的违法所得，所以法院综合考虑了四个要素：

（1）涉案视频是刘先生使用专业设备拍摄并剪辑而成，视频将自驾某品牌新款汽车和崇礼滑雪的相关画面结合，通过特写等镜头较好地展示了汽车的特征，具有一定的独创性和广告价值。

（2）根据×条公司的相关宣传，其为专门的广告宣传媒体，视频广告受众广泛、传播迅速、收益巨大，×条公司将涉案视频作为该品牌新款汽车的广告，通过微信和微博进行传播，直接获取商业利益。

（3）×条公司理应持有涉案视频的收益证据，但其拒不提交，依照其认可的 2018 年广告刊例报价，非定制视频的微博传播报价为每条 10 万元，微信传播报价为每条 10 万元至 15 万元，广告收费金额较高。

（4）×条公司于 2018 年 3 月 18 日分别在微博和微信发布涉案视频，至刘先生公证取证时，阅读量累计 40 万以上，且×条公司在收到本案起诉材料后未及时删除涉案视频，致使侵权行为一直持续至 2018 年 9 月，侵权影响范围大、主观恶意明显。

综合以上因素，海淀法院认为本案应按照法定赔偿的最高限额进行判赔，故依法酌情判定经济损失为 50 万元。

法院作出上述判决后，原告表示不上诉，被告表示需考虑是否上诉。

**温馨提醒**

根据我国《著作权法》第49条规定："侵犯著作权或者与著作权有关的权利的，侵权人应当按照权利人的实际损失给予赔偿；实际损失难以计算的，可以按照侵权人的违法所得给予赔偿。"在司法实践中，50万元被认定为著作权保护的最高额赔偿。

**职业思考**

侵犯著作权罪，是指以营利为目的，未经著作权人许可复制发行其文字、音像、计算机软件等作品，出版他人享有独占出版权的图书，未经制作者许可复制发行其制作的音像制品，制作、展览假冒他人署名的美术作品，违法所得数额较大或者有其他严重情节的行为。

短视频运营人员违法问题的发生，与个别短视频运营人员法律意识淡薄、对法律毫无敬畏之心有关。无论是使用他人创作的视频文件，还是图片文件，都需要征得他人同意，获得他人授权。在使用没有明晰版权的视频或图片文件时，需要提前确定文件所有权的归属，避免后期产生法律纠纷。

## 实战演练

### 一、单项选择题

1. 通过下列哪种方式制作的短视频内容更容易曝光？（　　）

A. 原创的短视频内容　　B. 结合热点制作的短视频内容

C. 模仿同行的短视频内容　　D. 添加炫酷效果的短视频内容

2. 下列关于同城定位说法正确的是（　　）。

A. 打开同城定位，直播内容能够被同城的用户看到

B. 打开同城定位，能够提升直播间的权重

C. 打开同城定位，能够使直播间排名靠前

D. 打开同城定位，能够获得更多的直播权限

3. 下列关于DOU+说法正确的是（　　）。

A. DOU+是一款视频编辑工具　　B. DOU+是一款特效制作工具

C. DOU+是一款视频加热工具　　D. DOU+是一款数据统计工具

4. 在DOU+中支持添加（　　）个达人帐号。

A. 10　　B. 20　　C. 30　　D. 40

5. 短视频内容发布的黄金时段是（　　）。

A. 早上7点至9点　　B. 中午12点至下午2点

C. 下午5点至晚上7点　　D. 晚上7点至晚上10点

## 二、多项选择题

1. 短视频帐号推广时常用的引流方式有（　　）。

A. 内容引流　　B. 直播引流　　C. DOU + 引流　　D. 线下引流

2. DOU + 中支持提升的指标有（　　）。

A. 位置点击　　B. 主页浏览量　　C. 点赞评论量　　D. 粉丝量

3. DOU + 中支持投放的时长有（　　）。

A. 2 小时　　B. 6 小时　　C. 12 小时　　D. 24 小时

4. DOU + 中支持设置的目标用户模式有（　　）。

A. 近期一周点赞最多推荐　　B. 系统智能推荐

C. 自定义定向推荐　　D. 达人相似粉丝推荐

5. 使用添加标签的方式可以在视频内容中插入（　　）。

A. 相关位置　　B. 图片　　C. 新闻　　D. 小程序

## 三、判断题

1. 粉丝净增量即帐号粉丝净增量。（　　）
2. 在重点关注板块中可以添加 20 个想要关注的帐号。（　　）
3. 通过创作者学院可以及时了解抖音平台的审核规则。（　　）
4. 在互动管理中可以对帐号粉丝进行管理。（　　）
5. 在视频数据板块中可以查看帐号直播相关的数据。（　　）

## 四、问答题

1. 请写出抖音平台内容推荐机制。
2. 请写出在抖音平台中发布内容时，需要注意的事项。
3. 请写出帐号粉丝维护的方法与技巧。

# 第 8 章
# 8 常见的短视频变现方式

## 知识目标：

熟悉抖音平台常见的变现方式

## 技能目标：

1. 了解全民任务变现方式
2. 熟悉团购带货变现方式
3. 熟悉线下引流变现方式
4. 熟悉小程序推广变现方式
5. 掌握商品橱窗变现方式
6. 掌握巨量星图变现方式
7. 掌握直播带货及打赏变现方式
8. 掌握中视频变现方式

## 德育目标：

1. 培养学生具有正确的价值观，并掌握相应的短视频变现知识
2. 培养学生认真严谨的工作态度和工作作风
3. 培养学生具有正确的劳动创造价值意识
4. 培养学生热爱科学和实事求是的学风

## 情境引入

小王运营公司短视频帐号已有一段时间了，通过不断创作优质的短视频内容，帐号也积累了不少的粉丝。这时公司希望小王能够通过短视频帐号进行变现，这一需求又难倒了小王，因为小王压根就不知道该如何进行变现。于是小王在网上搜索“短视频变现的方式”，看着各种各样的回答以及各种专业词汇，小王又陷入了迷茫。这一次小王能够顺利完成公司安排的工作任务吗？

短视频变现是指通过运营短视频帐号的方式，获得相应的收入。现如今越来越多的素人开始通过运营短视频帐号，获得了自己人生的第一桶金。一个短视频帐号想要变现，首先需要帐号拥有大量的粉丝，而帐号的粉丝是靠创作优质的内容来获取的。因此，想要打造一个能够变现的短视频帐号，需要拥有持续创作优质视频内容的能力。

目前短视频帐号变现的方式种类繁多，具体可以分为以下几类：广告变现、售卖商品变现、增值服务变现。

其中广告变现是指在视频内容中植入广告主的推广内容。售卖商品变现是指开通商品橱窗或抖店进行商品的售卖。增值服务变现是指通过免费内容吸引用户关注，然后在关注的用户中进行二次转化，实现盈利。

## 8.1　任务中心

任务中心是抖音平台为广大创作者提供的快速接单平台，用户可以在该平台中选取适合自己的任务，然后按照任务的要求来进行视频内容的创作，最终获得相应的奖励。

打开抖音 App，点击右下角“我”，然后点击右上角按钮，在展开的菜单中点击“创作者服务中心”，即可看到“任务中心”的入口，如图 8 - 1 所示。

进入任务中心后，可以通过“行业频道”和“为你精选”来快速获取任务，也可以通过下方的“奖励类型”“行业”“全部任务”和“综合排序”来筛选适合自己的任务。任务中心中的任务奖励类型主要分为“现金奖励”“礼品奖励”“流量加热奖励”“应援奖励”和“Dou + 奖励”，如图 8 - 2 所示。

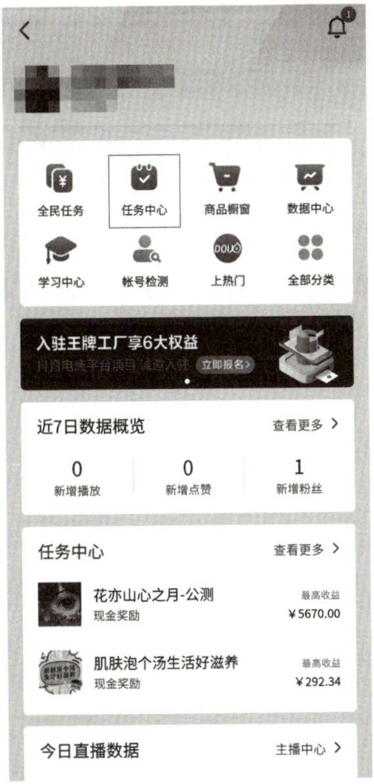


图 8 - 1　任务中心入口

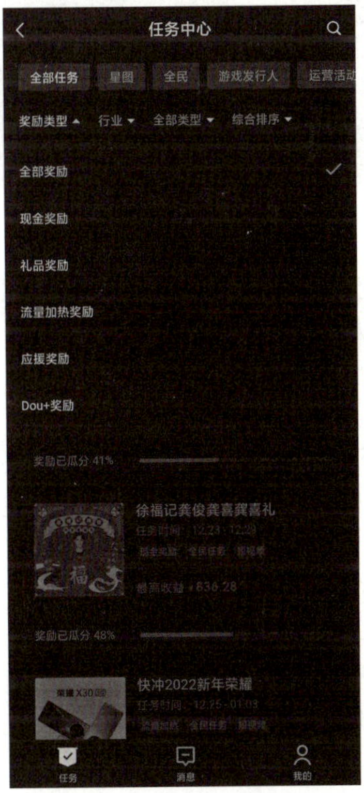


图 8 - 2　任务奖励类型

不同的任务获得的奖励不同，在任务列表页面还可以查看该任务目前的情况，包括“任务主题”“任务时间”“任务奖励类型”以及“最高收益”等，如图8－3所示。

点开某项任务，还可以查看该任务的“任务玩法”以及“精选视频”，如图8－4所示。如果想要参与该任务，点击下方“立即参与”按钮即可。

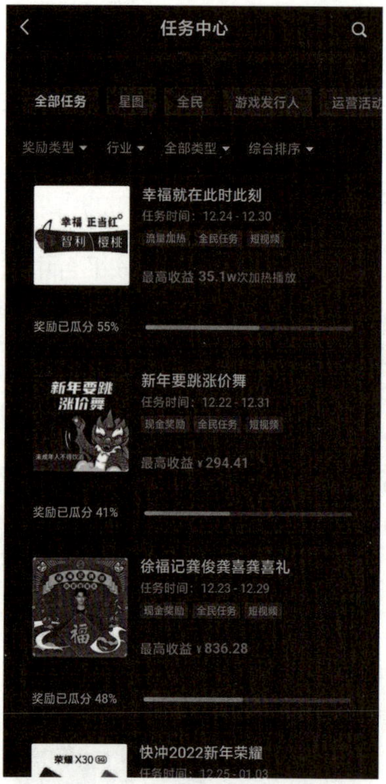


图8－3　查看任务信息

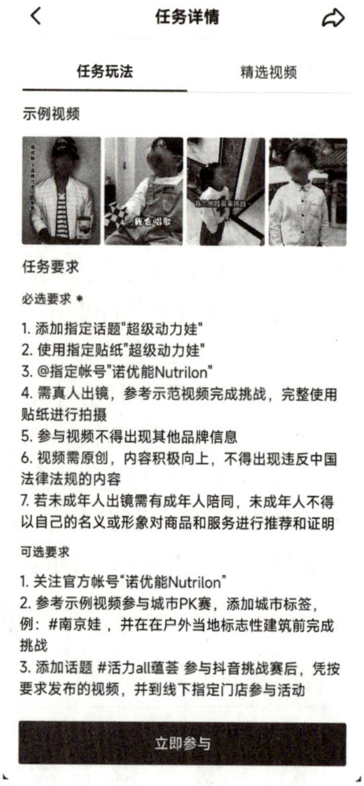


图8－4　查看任务详情

任务中心是适合普通用户进行内容变现的方式，无须特定的粉丝数量，无须专业的内容创作团队，只需按照相应任务要求进行视频内容创作，即可完成视频变现。

## 8.2　全民任务

全民任务是由抖音推出的激励任务平台，在该平台中用户可以自由参与各种简单有趣的任务，从而获得相应的现金、流量、实物等奖励。

打开抖音App，点击右下角“我”按钮，然后点击右上角形状为“≡”的按钮，在展开的菜单中点击“创作者服务中心”按钮，即可看到“全民任务”的入口，如图8－5所示。

进入全民任务后，可以通过“行业”“奖励类型”和“任务类型”三个维度来筛选适合自己的任务，如图8－6所示。

图 8－5 全民任务入口

图 8－6 全民任务筛选条件

在任务列表中可以查看任务的相关信息，包括“任务主题”“任务时间”“任务进行状态”和“最高可获得收益”等，如图 8－7 所示。

点开某项任务，还可以查看该任务的“任务玩法”，如图 8－8 所示。如果想要参与该任务，点击下方“立即参与”按钮即可。

图 8－7 全民任务列表

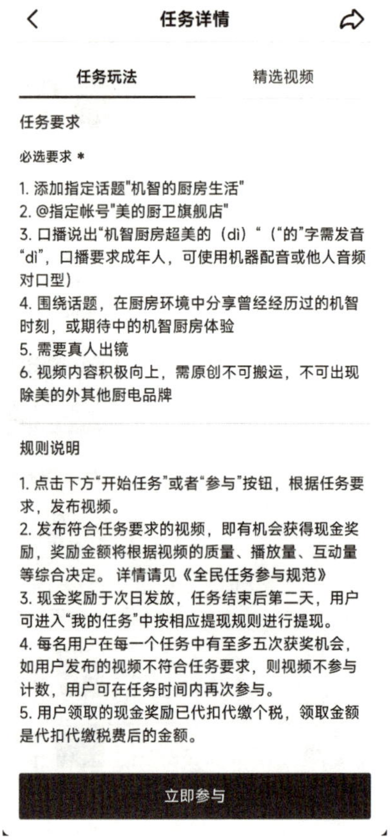


图 8－8 查看任务详情

## 8.3 商品橱窗

商品橱窗是抖音平台中常用的流量变现方式，通过开通商品分享权限或抖店即可在视频或直播中向用户或粉丝推荐商品，从而引导用户下单购买。不同的用户可以根据自己实际情况进行选择，如果自己擅长视频内容创作，可以申请成为带货达人。如果自己拥有货源和经营资质，可以申请成为小店卖家。

### 8.3.1 成为带货达人

用户申请成为带货达人后，可以在橱窗、视频、直播中推广商品，点击“创作者服务中心→商品橱窗→成为带货达人”，即可申请成为带货达人，如图 8－9 所示。

申请成为带货达人需要完成 2 个步骤，即“带货权限申请”和“开通收款账户”。点击下方“带货权限申请”按钮，即可进入申请页面，如图 8－10 所示。

申请带货权限需要满足 4 个条件，即完成帐号实名认证、缴纳作者保证金、个人主页视频数≥10 条、抖音帐号粉丝量≥1 000。申请成功后，即可在短视频或直播中添加精选联盟中的商品进行售卖，如图 8－11 所示。除此之外，还可以登录巨量百应进行橱窗管理、查看推广数据等操作。

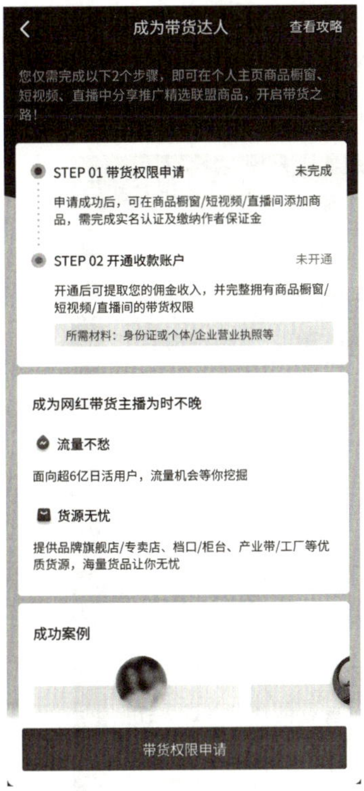


图 8－9　成为带货达人

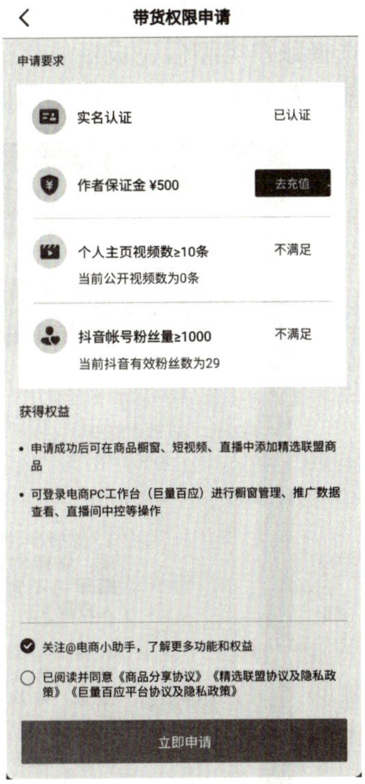


图 8－10　带货权限申请

图 8－11　在视频中添加商品

开通收款账户需提供身份证或个体/企业营业执照等，开通时可选择开通正式账户或快速账户，选择账户类型后完成资质认证，即可开通收款账户，不同收款账户在开通所需资料和提现金额上都有所区别，具体区别如图 8－12 所示。

**不同收款账户差异**

| 账户类型 | 账户区别 | 资质类型 | 所需资料 | 资质验证 |
|---|---|---|---|---|
| 正式账户 | 1. 支持多种资质，支持对公结算（不含个人资质）<br>2. 微信/支付宝每天各 1 次提现，每次上限 50W<br>3. 无年限额<br>4. 需完成开通支付宝、微信及聚合账户 | 个人 | 身份证正反面、银行卡号 | 银行卡号和预留手机号验证，耗时 1 分钟内 |
| | | 个体工商户 | 请准备个体工商执照、法人证件、个人或企业银行卡 | 实名认证/打款认证方式二选一，耗时 1~3 个工作日 |
| | | 企业 | 请准备营业执照照片、法人证件、对公账户 | 实名认证/打款认证方式二选一，耗时 1~3 个工作日 |
| | | 小店商家 | 建议选择“资质绑定”，如选择其他方式升级结算账户，该帐号将无法再和店铺进行绑定 | 资质绑定审核，耗时 1-3 个工作日 |
| 快速账户 | 1. 不支持对公，只能对私<br>2. 提现一天 5 次，一次 2W<br>3. 每年限额 110W | 无 | 身份证正反面、银行卡号 | 无 |

图 8－12　不同收款账户差异

### 8. 3. 2　成为小店卖家

用户申请成为小店卖家后，即可通过小店售卖商品。点击“成为小店卖家”即可访问抖店入驻页面，如图 8－13 所示。点击“立即入驻”按钮即可选择“认证类型”，目前抖店支持“个体工商户”和“企业/公司”两种认证类型，如图 8－14 所示。

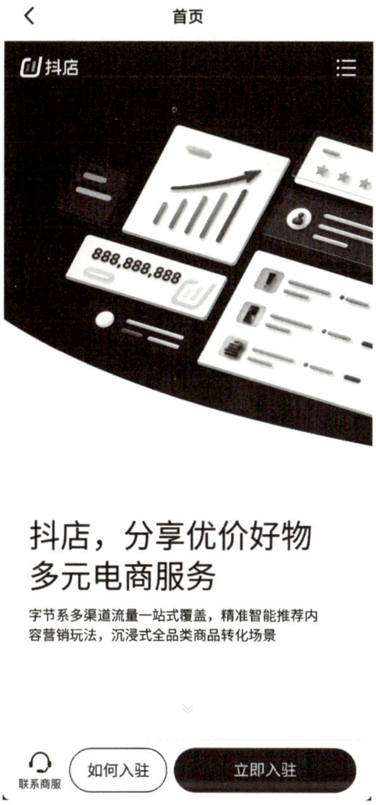


图 8－13　抖店入驻页面

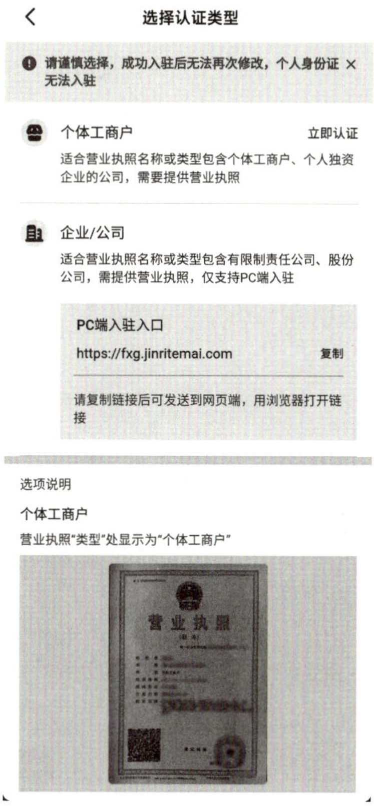


图 8－14　选择认证类型

抖店主要分为“普通”“专卖”“专营”和“旗舰店”4 种店铺类型，不同店铺类型或类目入驻时所需的材料和费用会有所不同，具体可以点击抖店入驻页面中“如何入驻”按钮进行查询，如图 8－15 所示。

1. 开通抖店后商家享有的优势

开通抖店后商家将享有 4 大优势，分别为巨大流量池、高效变现通路、丰富货品结构以及便捷提效工具。

（1）巨大流量池。开通抖店后，店铺中的商品能够展现到抖音、今日头条等多款 App 用户面前，能够覆盖不同年龄及地域用户的碎片时间。

（2）高效变现通路。店铺中的商品享有平台的智能推荐机制，能够匹配电商兴趣人群和深度垂直用户。

（3）丰富货品结构。抖店中包含海量品质好货，货源覆盖国际品牌、原创品牌、原产地品牌等。

（4）便捷提效工具。抖店享有平台提供的高效便捷的移动及 PC 端产品工具，该工具能帮助达人深度建联供应链，全面提升带货效率。

2. 入驻流程

具体入驻流程主要分为 7 个步骤，分别为登录帐号、选择主体类型、填写主体信息、填

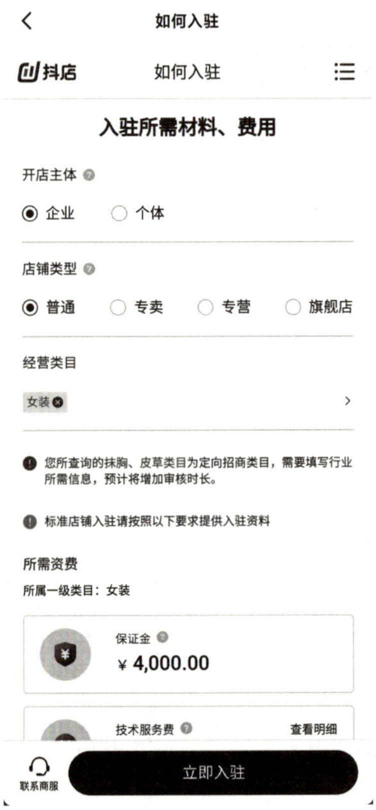


图 8－15 查询入驻所需材料和费用

写店铺信息、平台审核、账户验证以及缴纳保证金。

（1）登录帐号。如果是 PC 端入驻，可以使用电脑浏览器访问网址 https：//fxg. jinritemai. com/？ source = school. nrlj，然后登录需要入驻的帐号。如果是移动端入驻，可以在抖音 App 中登录需要入驻的帐号，点击右上角“”图标，然后在展开的菜单栏中点击“创作者服务中心”，如图 8－16 所示。

在创作者服务中心页面点击“商品橱窗”选项，在跳转的页面中点击“成为小店卖家”即可访问移动端入驻页面，如图 8－17 所示。

（2）选择主体类型。选择主体类型即根据营业执照类型选择符合要求的主体类型，主体类型分为“个体工商户”和“企业/公司”类型，如果营业执照“类型”处显示为“个体工商户”，则主体类型需选择为个体工商户。如果营业执照“类型”处显示为“有限责任公司、股份有限责任公司、个人独资企业、合伙企业、农民专业合作社等”，则主体类型需选择为“企业/公司”。

（3）填写主体信息。填写主体信息主要包括填写营业证件信息、经营者/法定代表人信息，其中个体工商户商家需提供经营者信息，企业商家需提供法定代表人信息。具体填写材料的要求如表 8－1 所示。

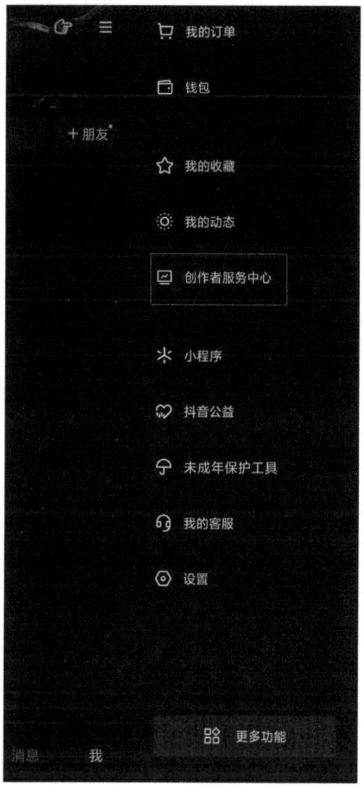


图 8－16　创作者服务中心按钮

图 8－17　成为小店卖家

**表 8－1　　填写主体信息材料的要求**

<table>
<tr><th>字段</th><th>选项</th><th>个体工商户</th><th>企业</th></tr>
<tr><td>营业执照</td><td>——</td><td colspan="2">营业执照照片：<br>· 需提供三证合一的营业执照原件扫描件或加盖公司公章的营业执照复印件<br>· 确保未在企业经营异常名录中且所售商品在营业执照经营范围内<br>· 距离有效期截止时间应大于 3 个月<br>· 露出证件四角，请勿遮挡或模糊，保持信息清晰可见<br>· 图片尺寸为 800×800px 以上，支持 PNG、JPG 和 JPEG 格式，大小不超过 5MB</td></tr>
<tr><td rowspan="2">经营者/法人身份归属地</td><td>中国大陆</td><td colspan="2">身份证照片：<br>· 需提供身份证照片正反面<br>· 身份证须使用二代身份证<br>· 企业须提供法定代表人证件，个体工商户请提供经营者证件<br>· 请提供有效期限范围内的证件，证件需露出四角，请勿遮挡或模糊，保持信息清晰可见<br>· 图片尺寸为 800×800px 以上，支持 PNG、JPG 和 JPEG 格式，大小不超过 5MB</td></tr>
<tr><td>中国香港/澳门/台湾</td><td colspan="2">港澳居民来往内地通行证、台湾居民来往大陆通行证：<br>· 需提供通行证照片正反面<br>· 企业须提供法定代表人证件，个体工商户请提供经营者证件<br>· 请提供有效期限范围内的证件，证件需露出四角，请勿遮挡或模糊，保持信息清晰可见<br>· 图片尺寸为 800×800px 以上，支持 PNG、JPG 和 JPEG 格式，大小不超过 5MB</td></tr>
</table>

（4）填写店铺信息。填写店铺信息主要包括选择店铺类型和填写店铺相关信息。抖店店铺类型分为普通店、专营店、专卖店和旗舰店。

普通店适合无品牌的商家，其店铺功能和其他店铺类型没有区别，后期可补充品牌信息修改为其他店铺类型。普通店铺入驻时需填写店铺基本信息、经营类目以及店铺管理人信息。

专营店需要保证有 1 个类目下至少包含 2 个品牌（支持授权品牌或自有品牌），其他类目 1 个及以上品牌均可（支持授权品牌或自有品牌）。专营店完成入驻后，后期仅可修改为旗舰店，不支持修改为其他类型的店铺。专营店入驻时需填写店铺基本信息、经营类目、品牌资质以及店铺管理人信息。

专卖店需要有 1 个或多个品牌授权，其中多个授权品牌需属于同一商标所有人。专卖店完成入驻后，后期仅可修改为旗舰店，不支持修改为其他类型的店铺。专卖店入驻时需填写店铺基本信息、经营类目、品牌资质以及店铺管理人信息。

旗舰店需要有 1 个或多个自有品牌，或经营 1 个或多个一级独占授权品牌，其中多个授权品牌需属于同一商标所有人。旗舰店入驻后不可修改为其他任何类型的店铺。旗舰店入驻需填写店铺基本信息、经营类目、品牌资质以及店铺管理人信息。

（5）平台审核。平台会对申请人提交的信息在 1～3 个工作日内进行审核，审核完成后会通过短信的方式将审核结果告知申请人。

（6）账户验证。审核通过后，会直接进入账户验证界面。账户验证支持两种验证方式，分别为实名认证和打款验证。其中实名认证需填写经营者/法人个人名下的银行卡号，输入银行预留手机号和验证码。打款验证则需要填写企业对公银行卡号、开户银行、开户支行所在地以及开户支行名称，然后等待打款验证。平台打款后，需回填打款金额进行验证。

其中个体工商户默认选择实名认证的方式，企业可以从实名认证或打款验证两种方式中二选一。如果法人/经营者归属地为非大陆身份证，则默认选择打款验证。

（7）缴纳保证金。账户验证完成后，缴纳相应保证金即可完成入驻。在店铺后台点击“立即缴纳”按钮，如图 8－18 所示，即可跳转至“资产－保证金”页面。

图 8－18　点击“立即缴纳”按钮

点击页面中的“充值”按钮，如图 8－19 所示，根据“应缴金额”，输入充值金额充值即可，如图 8－20 所示。

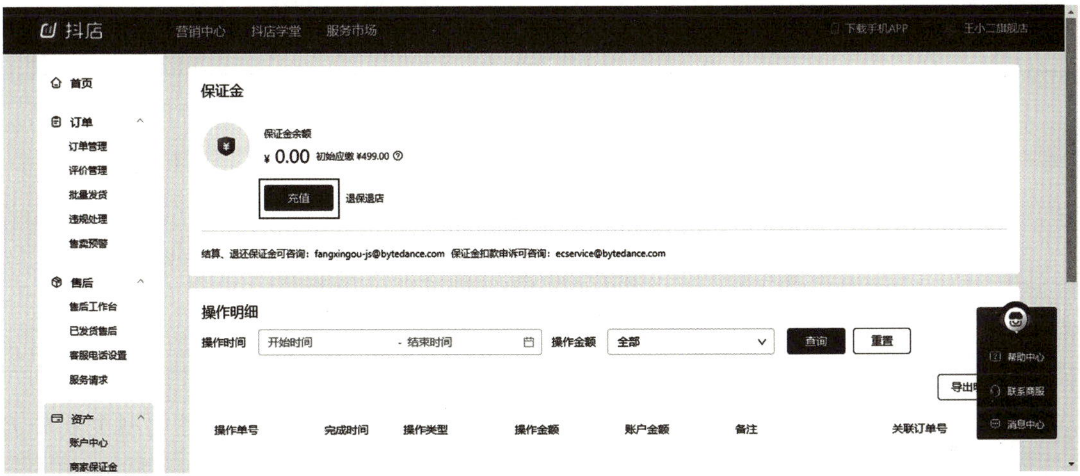


**图 8－19　点击“充值”按钮**

**图 8－20　输入充值金额**

## 8.4　巨量星图

巨量星图是服务于创作者和品牌主的营销平台，创作者可以通过该平台进行帐号内容的变现，而品牌主可以通过该平台来传递品牌信息。巨量星图分为 5 种方式进行入驻，分别为“抖音媒体端”“今日头条端”“西瓜视频端”“抖音火山版端”，不同入驻渠道入驻的要求有所不同（见表 8－2），以抖音媒体端为例，要求入驻的抖音帐号在抖音平台粉丝量≥1 000，且内容调性健康积极向上，符合抖音内容社区规范。

表 8-2 不同入驻渠道的入驻要求

| 入驻渠道 | 入驻要求 |
| --- | --- |
| 抖音媒体端 | 抖音帐号在抖音平台粉丝量≥1 000，且已经开通直播购物车权限<br>抖音帐号在抖音平台粉丝量≥1 万，且内容调性健康合法 |
| 今日头条端 | 达人自助入驻，需同时满足如下要求：<br>·粉丝数（今日头条 + 西瓜视频粉丝总数）>1 万<br>·今日头条号信用分为 100 分<br>·帐号主体不属于国家机构、其他组织<br>·发文领域不属于彩票、台海<br>·健康领域作者须有黄 V 认证和健康资质、财经领域作者须有财经资质 |
| 西瓜视频端 | 达人自助入驻，西瓜视频帐号可正常使用即可入驻 |
| 抖音火山版端 | 火山帐号在火山平台粉丝量≥5 万 |

入驻成功后可以承接不同类型的任务，以抖音媒体端为例，星图任务类型主要分为“抖音传播任务”“抖音短视频投稿任务”“直播品牌推广任务”等，如表 8-3 所示。

表 8-3 抖音媒体端巨量星图任务

| 巨量星图任务类型 | 开通要求 |
| --- | --- |
| 抖音传播任务 | ·抖音帐号在抖音平台粉丝量≥10 万，且内容调性健康合法 |
| 抖音短视频投稿任务 | ·抖音帐号在抖音平台粉丝量≥1 万，且内容调性健康合法 |
| 直播品牌推广任务 | ·抖音粉丝数≥1 000<br>·近 14 天内，开播场次≥3 场且每场开播时长≥25min<br>·近 30 天未出现帐号违规，帐号封禁，违反社区规范的行为，且直播内容/调性健康积极向上 |
| 直播电商带货任务 | ·抖音帐号在抖音平台粉丝量≥1 000<br>·已开通电商直播权限<br>·内容调性健康合法 |
| 直播投稿任务 | ·抖音粉丝数≥1 000<br>·近 14 天内，开播场次≥3 场且每场开播时长≥25min<br>·近 30 天未出现帐号违规、帐号封禁，违反社区规范的行为，且直播内容/调性健康积极向上 |

开通相应任务类型后，达人或 MCN 可根据不同类型的任务设置不同的报价，客户可通过达人广场查看该报价，并按照此报价进行下单。

**知识加油站**

**MCN**：即一种新型的网红经济运作模式，通过 PGC（专业内容生产）的方式将内容联合起来，在资本的支持下保障内容的持续输出，从而实现商业的变现。

作为抖音普通用户，可以点击“创作者服务中心→我的星图”来选择适合自己的星图任务，从而进行变现或内容的曝光，如图 8-21 所示。

点击某一项任务，即可查看该任务的任务玩法、其他用户拍摄的精选视频、任务要求和规则说明等，如图 8 – 22 所示。

图 8 – 21　抖音星图任务中心

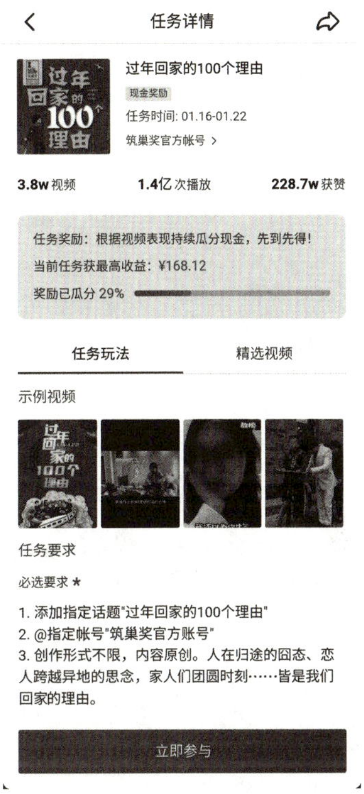


图 8 – 22　任务详情

点击下方“立即参与”按钮，即可拍摄或者上传相应视频。需要注意的是，一定要从任务详情页面中“立即参与”入口上传，从普通视频发布入口上传的视频，则不会被计算在列。

## 8.5　团购带货

团购带货是抖音重磅发布的“生活服务返佣计划”，内容创作者可以在发布视频或直播时添加团购商品，若用户通过视频或直播进入团购详情页，成功购买商品并到店使用后，创作者即可获得现金返佣奖励。抖音团购支持“物流配送”和“到店核销”两种类型，目前关联团购商品的主要群体有本地商家、探店号及素人等。

### 知识加油站

**达人：** 某一领域非常出类拔萃的人物，在短视频领域主要指拥有较多粉丝的博主。

**素人：** 一般指普通人，在短视频领域主要指普通的用户。

商家开通团购功能后，团购达人即可在视频和直播间中以小风车的形式展示门店的团购信息，让用户实现边看边买，如图 8 – 23 所示。

商家开通团购功能需要满足 2 个条件，即帐号需要完成企业号认证和帐号需要开通企业支付宝账号。

需要注意的是，企业支付宝账号的主体需与抖音企业号认证主体一致。

而达人若要开通团购功能，则需要帐号粉丝量≥1 000。在抖音搜索“团购达人”或点击“创作者服务中心→全部分类→团购带货”，即可进入团购带货申请页面。

以达人为例，开通该功能后，即可在发布的作品中添加位置或团购商品，具体如图 8－24 所示。用户通过视频内容中分享的位置进店消费，该帐号即可获得相应的佣金。

图 8－23 团购带货功能

图 8－24 团购带货案例

## 8.6 直播带货与打赏

直播是当下比较常见的与用户互动的形式，通过直播的方式可以和用户进行实时的互动和交流。目前直播主要分为带货类直播和非带货类直播，其中非带货类直播又包含才艺直播、知识分享直播、游戏直播等。

要想通过直播的方式进行变现，首先需要有足够的用户进入直播间。目前主要有两种方式为直播间引流，一种是通过前期的内容发布来积累和沉淀足够多的目标用户，等目标用户达到一定基数后开启直播，自然会有不少用户进入直播间。另一种则是通过定期开播的方式来吸引用户的观看，这种方式刚开始直播时直播间人数较少，但是只要能够坚持定期开播，培养用户的观看习惯，再配合官方的推广工具进行直播前的预热，后期也会有较多的用户进入直播间。

目前直播变现的方式主要有 3 种，分别是“售卖商品变现”“坑位费＋佣金变现”以及“打赏变现”，下面一一进行讲解。

### 8.6.1 售卖商品变现

售卖商品变现即通过销售商品来获取利润，该方式是将传统的商品销售环节搬到了直播间里，通过直播的方式向全网的用户进行宣传和销售，如图8－25所示。

图8－25 某自有品牌直播间

该方式适合自有工厂或自有商品的商家。通过直播的方式进行产品销售时，需要注意产品的种类，如果产品的种类较少，则不会产生较好的销售效果。

### 8.6.2 坑位费＋佣金变现

如果自身没有货源，但帐号拥有一定的粉丝基数或自身拥有较强的带货能力，可以考虑替品牌主销售商品进行变现。该方式主要是赚取商品的佣金，不同的商品佣金的比例不同。如果是知名的头部带货主播，除了赚取商品佣金外，还可以通过收取坑位费进行变现。

### 8.6.3 打赏变现

打赏变现适合才艺型主播或知识分享型主播，才艺型主播可以通过直播的方式展示自己的才艺，例如，唱歌、跳舞等，知识型主播可以通过直播的方式来分享自己的专业知识，例如，求职技巧、健身攻略等。当用户喜欢或认可主播提供的直播内容时，可以给主播赠送礼物，如图8－26所示。

可以看到每一个礼物对应不同的价格，一场直播结束后，系统会计算主播收到的礼物总额，然后按照平台规定的比例折算成对应的现金收益，最后主播和平台五五分成，从而实现变现。

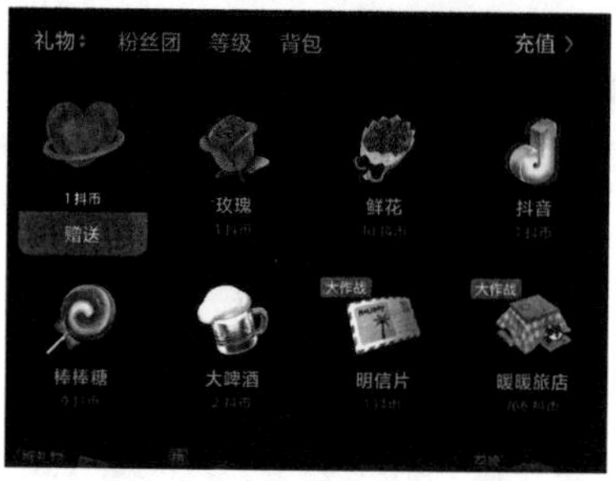


图 8－26　直播间赠送礼物

## 8.7　线下引流

运营短视频帐号，除了能够通过线上渠道直接变现外，还可以将流量引导至线下进行变现。例如，一家餐饮店，可以通过短视频的方式对店铺进行宣传，在视频内容中展现自己店铺的特色、菜品的种类、用餐的环境、店铺的优惠活动等，用户看到内容后如果对店铺感兴趣，则可以通过视频帐号中预留的地址或联系方式联系店家，从而进店消费，如图 8－27 所示。

图 8－27　线下引流

线下引流变现模式适合 O2O 类型的业务，例如，餐饮、鲜花、电影院等商家都可以通过该方式对自己店铺进行宣传和引流，配合快递服务或促销折扣，从而获取更多的同城流量。

## 8.8　中视频计划

中视频计划又称中视频伙伴计划，是由西瓜视频发起，联合抖音、今日头条共同举办的激励中视频创作的活动。成功加入中视频伙伴计划的作者，通过西瓜创作平台、西瓜视频 App、抖音 App、抖音 App 内西瓜视频小程序、剪映中西瓜视频发布的原创横屏视频（时长≥1 分钟），可享受西瓜视频、抖音、今日头条的创作收益。

在抖音中搜索“中视频计划”即可访问中视频入口，如图 8－28 所示。点击进入后即可申请加入中视频计划，通过抖音申请加入中视频计划需要完成两项任务，即“发布过至少 3 个原创横屏视频”和“视频累计播放量达到 17 000”，如图 8－29 所示。

图 8－28　中视频计划入口

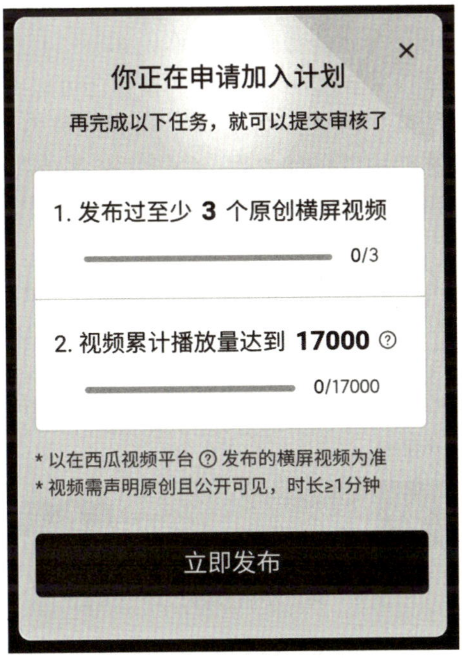


图 8－29　申请加入中视频计划

需要注意的是，发布的3条视频以在西瓜视频平台发布的横屏视频为准，视频需要声明原创且公开可见，视频时长需要≥1分钟。

完成申请任务后，系统将自动提交审核，官方工作人员将根据帐号发布的原创横屏视频是否符合原创标准以及内容质量规则等要求，来确定是否可以加入中视频计划。如果由于不符合原创内容标准等原因未通过审核，可以在审核不通过后的30天后再次提交审核申请。

成功加入中视频计划后，创作的视频在西瓜视频、抖音、今日头条产生的有效播放均可获得创作收益。经主办方评估符合独家条件并签署相关协议的作者，可在发布页面“发布设置”→“独家设置”中勾选“独家发布”，勾选“独家发布”后，视频总收益可再提升100%～250%。如需对视频产生的收益进行提现，需要在每周四9点～23点，通过西瓜视频App中打开“我的－钱包－创作收入”进行操作。

## 8.9 小程序推广计划

小程序推广计划是由官方推出的小程序推广平台，能够帮助开发者为自己的小程序找到最合适的创作者。在抖音中搜索“小程序推广计划”即可访问小程序入口，如图8－30所示。点击进入后即可查看小程序推广任务列表，也可通过顶部搜索框直接搜索推广任务，如图8－31所示。

创作者在任务列表中可以选择适合自己帐号属性的任务进行视频创作，视频创作完成后将小程序带入到视频内容中，配合“显眼处放小程序组件”“引导用户使用”等方式，为小程序增加曝光量，平台会根据视频播放量、小程序点击量、小程序内广告收入、小程序内支付收入等方式，进行收益计算。结算时，不同推广任务计算逻辑会有所不同。参与小程序推广计划时，需要帐号粉丝量超过1万。

点击某项推广任务，即可查看该任务的“结算说明”“任务说明”“视频指导”以及“平台规则”，如图8－32所示。点击上方“体验”按钮还可以查看或体验小程序。

目前小程序支持“CPS结算”和“广告结算”两种结算方式，CPS结算即按交易金额分成给予现金奖励，广告结算即按广告分成收入给予现金奖励，在任务说明界面可以查看具体的分成比例以及收益统计周期，如图8－33所示。

图8－30 小程序推广计划入口

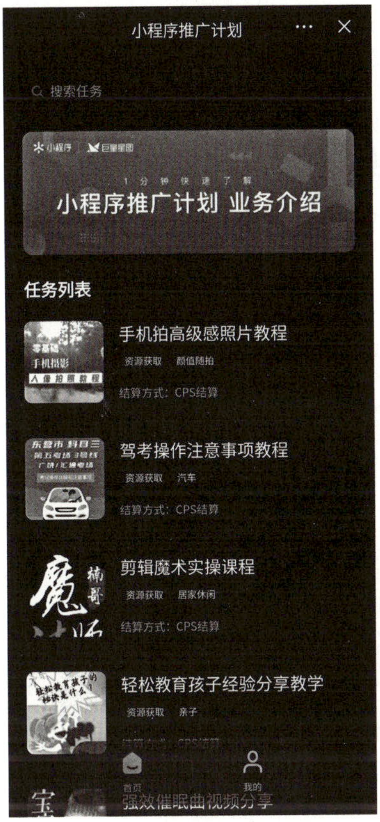


图 8－31　小程序推广任务列表

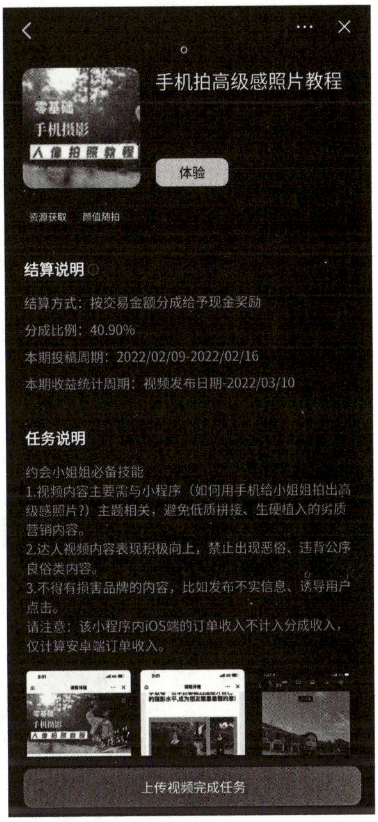


图 8－32　小程序任务说明

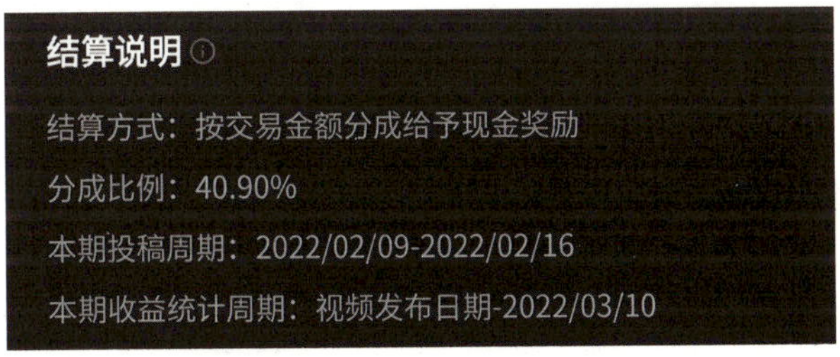


图 8－33　结算说明

如果想要查看推广视频具体制作完成的效果，可以在小程序任务说明界面点击“视频指导”中的视频查看完成效果，如图 8－34 所示。

**图 8－34　小程序推广视频制作完成效果**

点击底部“上传视频完成任务”按钮即可上传制作好的视频，需要注意的是，一定要按照平台规则中的投稿路径提交视频，才能获得分成收入。

## 实战演练

### 一、单项选择题

1. 下列属于任务中心的入口的是（　　）。

A. 小程序　　B. 设置

C. 创作者服务中心　　D. 我的任务

2. 入驻抖店时，企业提供的营业执照尺寸应大于（　　）。

A. 800 ×800px　　B. 700 ×700px

C. 600 ×600px　　D. 1 000 ×1 000px

3. 入驻抖店时，提交的图片文件大小应（　　）。

A. 不小于 5MB　　B. 不等于 5MB

C. 不超过 5MB　　D. 没有限制

4. 抖音平台创作者可以通过（　　）进行变现。

A. 巨量百应　　B. 巨量星图

C. 巨量千川　　D. 巨量数据

5. 在抖音平台中，达人若要开通团购功能则需要（　　）。

A. 帐号粉丝量≥500　　B. 帐号粉丝量≥10 000

C. 帐号粉丝量≥800　　D. 帐号粉丝量≥1 000

## 二、多项选择题

1. 进入全民任务后，可以通过（　　）三个维度来筛选适合自己的任务。

A. 行业　　B. 奖励类型

C. 任务类型　　D. 任务级别

2. 下列哪项是抖店支持的认证类型？（　　）

A. 个人　　B. 个体工商户

C. 企业/公司　　D. 境外公司

3. 抖店类型主要分为（　　）。

A. 普通店铺　　B. 专卖店

C. 专营店　　D. 旗舰店

4. 入驻抖店时，支持的图片文件格式有（　　）。

A. BMP　　B. PNG

C. JPG　　D. JPEG

5. 中国香港企业入驻抖店时需提交的资料有（　　）。

A. 港澳居民来往内地通行证　　B. 法定代表人证件

C. 经营者证件　　D. 身份证

## 三、判断题

1. 完成任务中心中相应的任务，需要抖音帐号具有一定的粉丝数量。（　　）

2. 全民任务是由抖音推出的激励任务平台。（　　）

3. 开通商品分享权限即可在视频中向用户推荐商品。（　　）

4. 在抖音中开通收款账户需提供身份证或个体/企业营业执照。（　　）

5. 抖店的商品能够展现到今日头条 App 中。（　　）

## 四、问答题

1. 请写出申请带货权限需要满足的 4 个条件。

2. 请写出抖店入驻的流程。

3. 请写出抖音平台中常见的变现方式。